섬기는 공동체, 교회

국제제자훈련원은 건강한 교회를 꿈꾸는 목회의 동반자로서 제자 삼는 사역을 중심으로 성경적 목회 모델을 제시함으로 세계 교회를 섬기는 전문 사역 기관입니다.

섬기는 공동체, 교회

초판 1쇄 발행 2010년 11월 10일
초판 6쇄 발행 2019년 11월 14일

지은이 배창돈

펴낸이 오정현
펴낸곳 국제제자훈련원
등록번호 제2013-000170호(2013년 9월 25일)
주소 서울시 서초구 효령로68길 98(서초동)
전화 02)3489-4300 **팩스** 02)3489-4329
이메일 dmipress@sarang.org

저작권자 (C) 배창돈, 2010. *Printed in Korea*.
이 책은 저작권법에 의해 보호를 받는 저작물이므로 저자와 출판사의 허락 없이
내용의 일부를 인용하거나 발췌하는 것을 금합니다.

ISBN 978-89-5731-493-7 03230

※ 책값은 뒤표지에 있습니다. 잘못된 책은 구입하신 곳에서 교환해 드립니다.

섬기는 공동체, 교회

배창돈 지음

국제제자훈련원

추천사

목회자로서 한 우물을 판다는 것이 쉬운 일이 아니다. 유행과 같은 교회성장 프로그램에 의존했다면 결코 불가능한 일이라고 본다. 평택대광교회 배창돈 목사님은 옥한흠 목사님의 제자훈련 지도자 세미나에 참석 한 후, 평신도와의 동역이라는 목회 철학을 그대로 도입하여 적용한 초창기 목회철학의 동지인 셈이다. 87년도, 내가 부산에 와서 기성 전통 교회에 제자훈련 목회를 접목하는 시기와 같은 때였으니 벌써 그 햇수만 해도 23년이 넘어가고 있다.

부산에 온 지 얼마 되지 않아 안성 수양관에 강의가 있다는 것을 안 배 목사님이 평택대광교회를 방문해 달라고 요청해서 그 교회에 다녀 온 일이 있었다. 단란하고 유기체적인 모습을 갖춘 교회가 참 인상적이었다. 배 목사님은 인상부터가 친근하고 친화력을 갖춘 분이었고 그분의 인격도 또한 그러했다. 그러나 사람들을 그리스도의 제자로 훈련시킨다는 것이 친화력만으로 되는 것이 아님을 잘 알 것이다. 그날 나는 그의 눈물과 오래 참음과 기도의 결실이 녹아 있는 목회 현장을 볼 수 있었다.

이 책을 보며 배 목사님의 목회가 바로 이런 것이었구나 하는 것을 보게 되었다. 탐스러운 열매를 맺기 위해서는 하나님의 은혜인 햇볕과 공기, 비도 있어야 한다. 하지만 농부의 수고를 빼놓을 수 없다. 마찬가지로 배 목사님의 섬김의 모범은 성도들에게 도전과 귀감이 되었다는 것을 확인할 수 있었다.

배 목사님은 이 책에서 자신이 어떤 전략으로 목회를 했으며 주님의 몸 된 교회가 어떤 역할을 해야 하는지를 제시하고 있다. 또한 개척부터 지금까지의 모든 과정을 진솔한 고백의 말로 우리에게 나누어 주고 있다. 그가 겪었던 아픔의 순간들과 어려움을 극복해 내는 모습을 보면서 꿈을 가지고 개척을 준비하는 후배 동역자들에게 많은 도움이 될 것이다.

교회다운 교회는 예수의 제자들이 얼마나 많은가에 달려 있다고 본다. 평신도를 동역자로 사역하는 목회철학의 동지로서 한없이 격려가 되고 위로가 된다. 이러한 동역자가 옆에 있다는 사실이 감사할 뿐이다.

지금까지 한 우물을 파온 목회의 진수가 녹아 있는 이 책을 통해서 한국교회가 새로워지기를 바란다.

최홍준(호산나교회 원로목사)

추천사

제자가 된다는 것은 우리의 삶을 그리스도께 전적으로 위탁하며, 누구를 만나든지 '예수는 나의 구주요 주님'이라고 고백하는 증인의 삶을 산다는 것을 의미한다. 그리고 제자들의 발을 씻기는 예수님의 본을 받아 섬기는 종의 모습으로 살아가는 것을 말한다. 만약에 훈련받은 사람들의 삶 속에서 구체적인 전도와 섬김을 찾아볼 수 없다면 그 제자훈련은 분명 문제가 있다고 봐야 한다.

여기 제자훈련을 접목하려고 시도하는 많은 목회자들에게 희망이 되는 교회가 있다. 서울 강남의 한복판에 대형교회로 성장한 사랑의교회처럼 되기에는 너무 버거울 수도 있지만, 평택지역 외곽에 위치한 평택대광교회를 본다면 우리도 해볼 수 있다는 소망을 가지게 된다. 실제로 평택대광교회는 제자훈련의 정신을 함께 나누기 위해 중소도시에 위치한 교회나 농어촌 교회의 목회자들에게 세미나를 개최해서 목회자들을 격려하고 섬겨왔다.

평택대광교회의 현관문을 열고 들어서면 언제나 자원해서 섬기는 이들이 환한 얼굴로 맞이해 준다. 이런 자원봉사는 교회의 행정에서부터 청소를 비롯한 건물 관리와 차량운행까지 이어지고 있다. 이 교회에 속한 지체들은 모두가 섬기는 자이고 사역자다. 한마디로 섬기는 공동체라고 말할 수 있다.

제자훈련을 통해 세워진 평신도 지도자들이 어떻게 섬기고 있는지 보고 싶다면 아무 거리낌 없이 이런 교회에 가보라고 추천한다. 섬기는 공동체에서 직분은 감투가 아니며 목소리를 높이고 생색내는 자리가 아니다. 말 그대로 섬기는 자리다.

배창돈 목사는 뼛속까지 섬김의 세포가 자리 잡아 섬김의 사람으로 세워지는 것이 제자훈련이라고 말한다. 지금까지 교회가 무엇이며 교회에게 주신 권세가 어떤 것인지를 설명하기 위해 두 권의 책을 출간한 저자가 이번에는 건강한 교회의 원동력이 바로 섬김에 있다는 것을 보여 준다.

이 책은 책상에서 쓰인 책이 아니다. 한 사람을 붙들고 씨름하며 무릎 꿇어 기도하는 제자훈련의 현장에서 쓰여 졌다. 이론이 아니라 섬김의 현장에서 경험한 존귀하고도 권세 있는 교회로 변화되어가는 보고서다. 교회의 울타리를 뛰어 넘어 지역 사회를 섬기며 거룩한 영향력을 행사하는 역동적인 간증이다. 아무쪼록 이 책을 통해 교회마다 섬김의 혁명이 일어나고 교회의 담장을 넘어 지역사회 속에 섬김의 사역이 시작되는 계기가 되기를 바란다.

김명호(대림교회 담임목사)

머리말

나에게는 꿈이 있다. 제자훈련을 통해 평신도들이 건강하고 성숙한 주님의 제자가 되어 이 땅의 교회가 교회답게 되는 것이다. 교회가 교회될 때 주님의 이름이 높임을 받으시게 된다. 또한 그렇게 될 때에 이 땅의 수많은 영혼들이 주님께 돌아오게 되고 사람들은 무릎을 꿇고 주님을 찬양할 것이다.

평택의 한 귀퉁이, 척박한 배나무골에서 이십대 후반에 시작한 목회가 벌써 이십팔 년을 맞았다. 많은 사람을 만나고, 많은 사건이 있었다. 그들 중에는 오늘도 함께 하나님 나라의 확장을 위해 달려가는 동역자들이 있다.

그동안 강하고 엄격하고 냉정하게 사역하면서 '적당하게, 좋은 게 좋은데!'라는 수많은 유혹을 받기도 했다. 그러나 고통 가운데에서 나타난 열매는 고통의 아픔보다 훨씬 값진 것이었다. 누구의 도움도 받을 수 없는 가장 열악한 환경이었지만 제자훈련 철학에 대해 흔들려 본 적이 없다. 지금도 열악한 환경 속에서 목회하는 목회자들이 많이 있다. 그들에게 용기와 도움을 주고 싶다. "제자훈련을 통해 건강한 교회를 세울 수 있고 당신도 이 일에 쓰임 받아야 한다"라고 말이다.

제자훈련에서 가장 중요한 것은 '교회론'이다. 교회론에 대한 확신 없이 목회한다면 제자훈련을 해도 좋은 결과를 기대할 수 없다. 제자훈련을 20년째 하면서 이 사실을 더욱 실감하고 있다. 목회자뿐 아니라 평신도들이 바른 교회론을 정립하지 못하면 교회는 교회다워질 수 없다.

그동안 제자훈련을 통해 피부로 느끼고 경험하며 맛본 열매를 나누어야 한다는 생각에 '공동체 교회'에 대해 글을 쓰기 시작했다. 『존귀한 공동체, 교회』는 교회가 무엇인가를 분명하게 알려 주고 있으며, 『권세 있는 공동체, 교회』는 교회에 주신 권세가 얼마나 대단하며 그 권세를 오늘날 교회들이 회복할 수 있다고 기록했다. 『섬기는 공동체, 교회』는 '존귀한 공동체 교회' 그리고 '권세 있는 공동체 교회'를 이루는 원동력이 무엇인지 보여 준다.

공동체 교회론은 단지 이론이나 지식이 아니다. 제자훈련을 통해 경험한 평택대광교회가 이룬 사역의 결과이며 제자훈련의 열매라고 할 수 있다. 이 모든 일은 성령 하나님께서 행하셨다. 쓰임 받을 수 있는 것에 그저 한없는 감사와 영광을 돌릴 뿐이다.

예수님은 세상의 권세는 높은 자리에서 부리는 것이라고 하셨다. "예수께서 불러다가 이르시되 이방인의 집권자들이 그들을 임의로 주관하고 그 고관들이 그들에게 권세를 부리는 줄을 너희가 알거니와"(막 10:42). 부리는 자가 되기 위해서는 남을 짓밟고 경쟁에서 이겨야 한다. 그러나 그런 세상의 권세는 십 년을 넘기기가 어렵다. 폭력이나 힘으로 얻은 권세는 모두 망했다. 히틀러, 스탈린, 무솔리니, 그리고 헤롯까지 모두 비극적으로 삶을 마감했다.

하나님 나라 권세의 비밀은 섬김에 있다. 세상에서는 부리는 자가 영향력이 있지만, 하나님 나라에서는 섬기는 자가 가장 영향력이 있다. 하나님 나라의 권세는 영원하며 화평과 기쁨을 준다.

기독교 정신은 돕고 섬기는 정신이다. 사회에 봉사하고 구제하는 종교의 통계를 보면 기독교가 단연 최고이며 비율로 보면 50퍼센트가 넘는다. 인도적인 차원의 대북 지원에서도 기독교 51.1퍼센트, 천주교 1.7퍼센트, 불교 1.2퍼센트, 그 외 기타가 46퍼센트를 차지한다(2001~2003년 통계).

섬기는 공동체가 가장 영향력이 있다. 이 땅의 모든 교회가 섬기는 공동체가 되어 많은 영혼을 주님께 인도할 뿐 아니라 하나님을 기쁘시게 해 드리므로 하늘나라의 창고가 가득 차길 기원해 본다.

오직 너희를 위하여 보물을 하늘에 쌓아 두라 거기는 좀이나 동록이 해하지 못하며 도적이 구멍을 뚫지도 못하고 도적질도 못하느니라(마 6:20).

차례

추천사 • 4
머리말 • 10
들어가는 말 • 16

1장 존귀한 공동체 교회를 지키라 • 19
교회 속으로 들어온 에이리언 | 주님을 뵙게 될 그날을 기대하며

2장 평택대광교회 섬기미 이야기 • 27
개척 초기의 혼란 | 으뜸과 종 | 미약한 자를 통해 | 섬김의 기회 |
섬김의 문화 | 섬기미가 가득한 교회 | 다음 세대를 향한 섬김

3장 예수님과 리더십 • 49
섬김과 목적 | 섬김의 리더십 | 종의 자세 | 천국 소망과 섬김

4장 그리스도의 몸을 통해 배우는 섬김의 원리 • 67
사명감 | 겸손 | 순종 | 지체 의식

5장 섬기는 공동체 교회 · 83

제자훈련과 섬김 | 예배와 섬김 | 전도와 섬김 | 중보기도와 섬김 | 교회 직분과 섬김 |
동역과 섬김 | 바울의 신실한 동역자가 된 좋은 직분자의 모델 |
바울의 아픔이 된 나쁜 직분자의 모델 | 위험한 섬김

6장 섬기는 자의 영향력 · 129

수준을 높혀 주는 자 | 길을 닦는 자 | 사람들을 세워 주는 자 |
위대한 목표를 깨닫게 해 주는 자 | 좋은 평가를 받게 하는 자

7장 섬기는 공동체 가정 · 143

상대방을 존중하라 | 사랑을 표현하라 | 구체적으로 행동하라 |
부족한 부분을 기도해 주라 | 자신의 문제를 인정하라 | 상대방을 배려하는 말을 하라

8장 섬김과 우리의 신앙 · 153

섬김과 믿음 | 섬김과 사랑 | 섬김과 하나 됨 | 섬김과 조화 | 섬김과 재정

9장 섬김과 언어 · 169

축복의 말로 섬기라 | 화평케 하는 말로 섬기라 | 긍정적인 말로 섬기라 |
겸손한 말로 섬기라 | 진실한 말로 섬기라 | 격려의 말로 섬기라

10장 섬김의 자세 · 181

주님을 섬기듯 하라 | 최선을 다해 섬기라 | 침묵하고 섬기라 | 인내함으로 섬기라 |
감사함으로 섬기라 | 섬김의 기회를 놓치지 말라 | 섬기는 일에만 집중하라

11장 섬김을 통해 누리는 축복 · 195

만남의 축복 | 예수님의 자랑 | 회복의 축복 | 관계회복의 축복 | 쓰임 받는 축복과 칭찬

들어가는 말

〈가난한 사람들의 행렬〉이라는 19세기 미술품에 보면 가난한 사람들이 줄을 지어 배급을 받고 있다. 그런데 그 행렬 뒤에서 배급을 받는 극빈자의 머리 위에 후광이 희미하게 보인다. 그리스도가 군중 속에 있음을 의미하는 것이다. 성도들의 섬김은 주님을 향한 사랑과 섬김에서부터 시작해야 한다.

섬긴다는 말은 형식적인 봉사를 말하는 것이 아니다. 그 속에는 사랑이 포함되어 있다. 하나님을 향한 자세가 사람에게 나타나는 것이다. 하나님을 섬기지 못하는 자는 사람을 섬길 수 없다. 하나님의 뜻을 받들지 못하는 자가 사람을 섬길 수 없기 때문이다. 더구나 섬기지 않고는 하나님의 뜻을 이루어 드릴 수 없다. 예수님은 이 땅에서 사람 취급받지 못한 자들을 몸소 섬기셨다.

  신앙생활을 처음 시작한 사람이나 영적으로 어린아이 같은 사람들은 섬김 받기를 원하고 섬김 받는 것을 당연하게 생각한다. 그러나 섬김의 도를 깨닫게 되면 섬기지 못했던 시간들이 아쉽고 후회만 쌓이게 된다. 대광교회를 개척하고 이 년 정도 살았던 오두막집에는 수도가 없었다. 물을 길어 밥하고 빨래하던 아내를 많이 도와주지 못해서 그런지 오십을 넘긴 아내는 몸이 여러 군데 아프다고 호소한다. 그때 섬김의 중요성을 미리 깨달았다면 하는 아쉬움이 있다.

  우리가 지나온 삶을 후회하는 것은 하나님의 뜻을 무시하고 자기중심적으로 살았기 때문일 것이다. 한 달란트 받은 자가 슬피 울며 이를 갈 수밖에 없었던 이유도 섬김의 도를 깨닫지 못했기 때문이다. 섬김의 도를 깨닫지 못하면 매사에 부정적이고 불평하며 경쟁하는 삶을 살 수밖에 없다. 그러나 섬김의 도를 깨닫게 되면 여유를 가지고 감사하며 긍정적인 삶을 살게 된다.

  서로 섬기기 위해 다투는 교회나 가정은 없다. 오늘날 교회가 겪고 있는 아픔의 내면을 살펴보면 섬김의 정신이 보이지 않는다. 섬김을 받기 위해 다투고 아파하는 것이다.

교회는 섬기는 공동체가 되어야 한다. 섬기는 문화가 자리 잡힌 교회는 엄청난 영향력으로 권세 있는 교회의 역할을 잘 감당할 수 있다. 섬기는 공동체가 되기 위해서는 노력과 시간이 필요하다. 교회 지도자들은 성도들에게 봉사의 일을 하도록 하여 섬기는 공동체를 만들어야 한다. 교회를 섬기는 공동체로서 건강한 교회를 만드는 것은 좋은 지도자가 갖출 자질이다.

교회 안에 섬김의 문화가 정착되지 못하고 직분을 감투나 액세서리 정도로 생각해서 섬기지 않고 오히려 섬김 받기 위해 자리다툼만 한다면 교회는 심각한 몸살을 앓게 될 것이다. 우리는 많은 성경공부, 세미나, 부흥회가 소리 나는 꽹과리로 그치지 않게 하기 위해 노력해야 한다.

이곳에서 평택대광교회의 '섬기미 사역'의 열매를 함께 나누고자 한다. 여러분의 교회가 '섬기는 공동체 교회'를 이루어 가는 데 큰 도움이 되기를 간절히 소원해 본다.

"그가 어떤 사람은 사도로, 어떤 사람은 선지자로, 어떤 사람은 복음 전하는 자로, 어떤 사람은 목사와 교사로 삼으셨으니 이는 성도를 온전하게 하여 봉사의 일을 하게 하며 그리스도의 몸을 세우려 하심이라"(엡 4:11~12).

1장
존귀한 공동체 교회를 지키라

그 주인이 이르되 잘하였도다 착하고 충성된 종아
네가 적은 일에 충성하였으매 내가 많은 것을 네게 맡기리니
네 주인의 즐거움에 참여할지어다 하고
● 마태복음 25장 23절

디모데후서 3장 1~9절을 보면 말세에 나타나는 열아홉 가지 타락상이 기록되어 있다. 그 죄들을 살펴보면, 이기적인 죄는 자기 사랑, 돈 사랑, 자랑함, 교만함이다. 그리고 공동체를 손상시키는 죄로 비방, 부모 거역, 감사하지 않음, 거룩하지 않음, 무정함, 원통함을 풀지 않음, 모함함, 절제하지 못함, 사나움, 선한 것을 좋아하지 않음, 배신함, 조급함, 자만함이 있다. 하나님의 권위를 인정하지 않는 죄로는 하나님보다 쾌락을 더 사랑함, 경건의 모양은 있으나 경건의 능력은 부인함이 있다.

이렇게 죄는 자신을 파괴시키고 공동체인 가정과 교회를 파괴시킨다. 사단은 여러 종류의 죄를 이용하여 하나님의 공동체를 끊임없이 위협하고 있다. 죄의 바이러스에 감염된 직분자들과 경건의 모양만 가진 자들이 교회를 파괴시키고 있는 것이다. 구약 교회에서 이스라엘의 지도자 모세를 대적하고 백성을 선동한 얀네와 얌브레, 신약 교회에서 아나니아와 삽비라 등이 이에 속한다.

   교회를 공격하여 무기력하게 만들기 위한 사단의 공격은 계속되고 있다. 교회가 주님의 뜻을 따르고 주님의 일을 하기 위해서는 영적인 전투력을 길러야 한다. 사단의 계략을 알고 이에 대응해야 한다.

교회 속으로 들어온 에이리언

〈에이리언〉이라는 영화를 보면 많은 생각이 떠오른다. 영화의 줄거리는 이렇다.

   외계에서 귀환 중인 우주 화물선에는 승무원 일곱 명과 희귀 광석 이천만 톤이 실려 있었다. 승무원 엘렌 리플리는 이등항해사였다. 어느 혹성 근처를 지나는 중에 생명체의 발신음을 포착하고 세 명의 승무원을 혹성 탐사를 위해 급파한다. 발신음의 근원은 오래 전에 파괴되어 썩어 가고 있는 정체불명의 우주선이었고 탑승객들은 모두 미이라가 되어 있었다. 사고 원인을 찾으려 안으로 들어간 승무원들은 계란 모양의 물체가 흩어져 있는 산란실을 발견하고 조사하던 중 한 사람이 공격을 받았다. 순식간에 튀어 나온 외계 생물체는 사람의 몸속으로 침투하여 기생하다가 갑자기 몸을 뚫고 나와 한순간에 성장한다. 모든 승무원과 에이리언이 생사를 건 싸움을 시작하게 된다. 에이리언을 피해 홀로 살아남은 리플리는 구명정으로 옮겨 타고 우주 화물선을 폭파시키지만 에이리언은 구명정까지 숨어든다. 사투를 벌인 끝에 리플리는 버튼을 조작하고 에이리언은 공기 분출의 엄청난 압력에 의해 우주 속으로 떨어져 나간다. 단 한 마리의 에이리언이 모든 승무원을 죽이고 결국 리플리만 살아남는다는 내용이다.

사단은 주님께서 피로 값 주고 세우신 교회를 파괴시키기 위해 에이리언을 교회 내에 침투시킨다. 그리고 성도 한 사람 한 사람 몸속에 에이리언의 새끼를 부화시켜 결국에는 성도를 죽이고, 더 나아가 존귀한 공동체 교회를 파괴시키려고 한다. 공동체 내에서 에이리언을 쫓아내기 위해서는 합심해서 온 힘을 쏟아야 한다. 공기 분출의 엄청난 압력에 간신히 우주 속으로 빨려 들어가는 에이리언의 끈질긴 모습이 사단의 모습과도 비슷하다. 오늘날 사단은 교회 안으로 에이리언을 침투시켜 숙주처럼 자리를 잡고 잘못된 세상의 사고와 인간적인 생각을 계속해서 부화시키고 다른 사람에게까지 전염시킨다. 우주 화물선을 무용지물로 만들어 버린 것처럼 교회의 역할을 제대로 수행하지 못하게 하고 있다.

주님을 뵙게 될 그날을 기대하며

성도라면 누구나 주님을 뵙게 될 그날을 기대해야 한다. 이 땅에서 열심히 주님의 몸 된 교회를 섬겼다고 자부하는 사람들은 누구나 주님의 칭찬을 기대할 것이다. 교회를 자신의 몸에 비유하시며 지체의 역할을 잘 감당하기를 원하시는 주님의 마음을 미리 깨닫는 자가 된다면 장차 뵙게 될 주님을 기대할 수 있을 것이다. 수고한 연수와 직분에 걸맞은 칭찬을 받기 위해서는 교회를 바로 아는 것이 대단히 중요하다. "너희는 그리스도의 몸이요 지체의 각 부분이라"(고전 12:27).

『기적의 제자훈련』에서 이미 언급한 내용이지만, 다시 강조하고 싶다(『기적의 제자훈련』pp.19~21). 이는 아무리 강조해도 부족하지 않기 때문이다. 그날이 되면 주님은 세 가지 모습으로 우리 앞에 나타나시지 않을까 생각해 본다.

첫 번째 모습은 우리가 모두 기대하는 영광스러운 주님의 모습이다. 환하게 웃으며 건강한 모습으로 "고맙다! 네가 나를 건강하게 해 주었다. 잘 섬겨 주었다. 정말 잘했다. 너는 교회인 내 몸을 건강하게 세워주었구나!"라고 말씀하시면서 우리를 꼭 껴안아 주신다면 이 보다 더한 기쁨은 없을 것이다.

두 번째 나타나신 주님의 모습은 삐쩍 마른 허약한 모습이다. 비틀거리며 다가오셔서 "너는 언제나 방관자였고 지체로서의 역할을 전혀 감당하지 않았구나. 네가 꼭 필요할 때마다 너는 언제나 나를 외면하고 방관했어. 그리고 너무나 많은 핑계 때문에 아무런 도움이 되지 못했어. 아쉽구나, 정말 아쉽구나!" 그때 주님을 향해 어떻게 말해야 할까?

"아닙니다, 주님. 저는 정말 열심히 일했습니다. 그런데 왜 그런 모습으로 나타나셨습니까?"

"너는 너 자신을 위해 열심히 일하더구나! 하지만 내 몸인 교회를 위해서는 아무 일도 하지 않았어!"

마지막 세 번째 모습은 온몸이 멍들고 붕대를 칭칭 감은 상처투성이 모습으로 나타나신 주님의 모습이다. 이 모습을 보며 "주님, 왜 이렇게 되셨습니까? 저는 언제나 정의를 위해 일했습니다. 저는 부당한 것을 보면 교역자든 직분자든 상관없이 싸우면서 교회 일을 했습니다."

"아니다. 너는 네 욕심을 추구하기 위해 다투고 당을 짓고 비난을 했지. 너의 그런 행동 때문에 나는 죽어가는 영혼을 보며 울었단다! 교회가 하나 되지 못해 아무 일도 할 수 없는 것을 보며 통곡했지. 너의 행동이 내 온몸을 칼로 난도질했다는 것을 진정으로 몰랐더냐?"

과연 우리가 만나 뵐 주님은 어떤 모습일까? 지난 시간을 잠시 되돌아보자.

이 책을 읽는 모든 독자들은 환하게 웃으며 다가오시는 건강한 주님을 만날 수 있기를 바란다.

그 주인이 이르되 잘하였도다 착하고 충성된 종아 네가 적은 일에 충성하였으매 내가 많은 것을 네게 맡기리니 네 주인의 즐거움에 참여할지어다 하고 (마 25:23).

2장
평택대광교회 섬기미 이야기

너희 중에 누구든지 으뜸이 되고자 하는 자는
모든 사람의 종이 되어야 하리라
● 마가복음 10장 44절

섬기는 공동체 교회는 하루아침에 이루어지지 않는다. 수많은 방해와 어려움이 있다. 그러나 섬김의 정신이 뿌리내리면 하나님의 사역을 제대로 감당하는 교회가 될 수 있다. 교회가 섬기는 공동체가 되면 사단과의 영적 전투에서 승리할 수 있고 교회 내부적으로는 화평과 사랑이 넘친다.

섬김의 정신이 없는 자들에게 직분과 조직을 통해 사역을 감당하게 하면 열매를 기대할 수 없다. 모래 위에 지은 집처럼 언제나 위태로울 뿐이다. 섬김 받기를 원하기 때문에 요구하고 주장하고 참견을 한다. 다툼이 끊이지 않을 것이다.

섬김의 정신은 교회의 핏줄과 같은 역할을 한다. 제자훈련을 통해 주님의 제자가 많은 교회는 섬김을 통해 영향력을 극대화할 수 있다. 제자훈련을 통해 누린 은혜를 그리스도 안에 있는 모든 지체들과 함께 나누고 싶다.

개척 초기의 혼란

2010년 한 해가 시작되면서 사백여 명의 섬기미(평택대광교회에서는 섬기는 자 '섬김이'를 소리 나는 대로 '섬기미'로 호칭한다.)들이 여러 사역에 지원해서 교회를 섬기기 시작했다. 한 사람이 두 개 이상의 사역을 맡기도 하지만 모두 새로운 각오와 감사하는 마음으로 자신의 몫을 감당한다. 교회 사무실에서부터 차량 운전과 청소에 이르기까지 모든 일을 섬기미들이 하고 있다. 예배당 관리와 쓰레기 처리, 소방, 전기, 관리까지 전문가 이상의 실력을 가지고 있다.

1983년 교회를 개척한 후, 전도로 혹은 수평이동으로 모여든 성도들이 백 명 미만일 때에도 교회는 여러 가지 문제로 조용한 날이 없었다. 요구하고, 주장하는 사람들은 목사의 마음을 혼란스럽게 흔들어 놓았다. '어떻게 하면 좋은 교회가 될까?' 고민은 더욱 깊어만 갔다. 집사들은 섬기기보다 섬김 받기를 원하며 각자의 주장만을 내세웠다.

처음 예배당은 지하였다. 지하 예배당은 전부 콘크리트로 이루어져서 소리 울림이 심했다. 설교를 해도 무슨 소리인지 알아듣지 못할 때가 많았다. 직분자 회의(제직회)에서 나무로 천장을 만들면 소리 울림을 막을 수 있으니 천장 공사를 하자고 했다. 부유하게 사는 한 집사는 우리 형편에 돈이 어디 있어서 천장 공사를 하겠냐며 반대를 했다. 다른 집사도 동조했다. 마음에서 서글픔과 화가 치밀었다. "염려되는 집사님은 헌금하지 말고 기도만 해 주세요"라고 말하고 그날 회의를 마쳤다. 다음 날 반대한 젊은 집사가 봉투를 가지고 왔다. 집사 사직서였다. 자신의 주장이 관철되지 않자 불만을 표시한 것이다.

몇 사람의 반대가 있었지만 공사는 진행되었다. 대부분의 성도들은 즐거움으로 헌금하고 기도하며 참여했다. 많은 성도들이 믿음으로 섬겨 주어 그 당시 이백만 원이 들었던 공사가 잘 끝났다. 믿음으로 시작하면 하나님은 공급해 주신다. 필요를 채워주시는 분이 하나님이심을 경험한 것이다.

개척 초기라 교회의 물품하나 변변한 것이 없었다. 대부분 합판을 가지고 만들었는데 의자 앞 가림대와 강단, 강대상도 그렇게 만든 것이다. 합판을 자르고 못을 박다가 망치로 손을 내리쳐서 다치기도 했고 고생도 많았다. 밤늦도록 작업하느라 힘들었지만 완성된 모습을 보면서 참으로 잘 만들었다는 생각이 들었다. 그런데 제직회 시간에 한 집사가 소리를 높였다. "목사님, 앞으로 무엇을 만들든지 우리의 허락을 받고 만드십시오." 그때 나는 "그러지요"라고 웃어 넘겼지만 참으로 마음이 아팠다. 훈련되지 않고 섬길 줄 모르는 자들은 필요 이상으로 간섭하고 요구하고 자기들의 생각만을 주장했다. 주님의 몸인 교회가 섬김을 모르는 지체들 때문에 방향을 잃고 표류하는 것이다.

으뜸과 종

사람들은 공동체에서 으뜸이 되고 싶어 한다. 어디서나 으뜸이 되기 위해 노력한다. 으뜸이 되면 권세를 부리기 때문이다. 특히 명예욕이 강한 사람이나 직분을 탐하는 사람이라면 스스로 비극을 초래하고 교회 사역에 방해꾼이 된다. 초대교회의 아나니아와 삽비라 일은 으뜸이 되고자 하는 일이 교회에 얼마나 큰 해악을 끼치는지 하나님께서 알려 주신 사건이라고 볼 수 있다.

건강한 교회의 내면을 살펴보면 소리 없이 섬기는 자들이 많음을 알 수 있다. 몸의 가장 중요한 장기는 은밀하게 감추어져 있다. 심장과 간, 폐가 얼마나 중요한지는 설명하지 않아도 알 것이다. 비록 못생겼지만 온갖 궂은일을 다 한다. 대장과 소장은 평생 더럽고 냄새나는 배설물을 안고 산다. 그러나 종의 자세를 가질 때 비로소 으뜸이 될 수 있다.

제자훈련을 시작하면서 교회 안에는 섬기는 사람과 겸손한 사람이 많아졌다. 그들 중에는 세상에서 높은 직책을 가진 분들도 있고, 세상 학문에 뛰어난 분들도 있다. 섬김의 도를 깨달으면 명예, 체면, 직책으로부터 자유하게 되는 것이다.

교회가 어려움에 처하는 이유 중 하나가 으뜸이 되고자 하는 자들 때문이다. 자신보다 나은 자가 없다고 생각하는 순간, 상전처럼 행동하고 다른 지체를 아랫사람 다루듯 하대하며 심지어 반말을 하기도 한다. 교회 안에서는 으뜸이 되려는 왕들이 때를 맞추어 출현한다. 왕처럼 행세하던 자가 사라지면 평소에 온순하던 자가 어느 틈엔가 왕처럼 행세한다. 이들은 자신의 주장이 받아들여지지 않으면 교회를 혼란에 빠뜨리고 자신의 힘이 먹히는 새로운 교회로 떠난다. 이들은 다른 교회에서도 종처럼 웅크리고 있다가 어느 정도 시간이 되면 왕처럼 행세하려고 할 것이다. 하나님께서는 종을 통해 일하신다. 으뜸이 되고자 하는 자는 결국에는 나중 될 수밖에 없음을 알아야 한다.

성도는 평생 섬기는 삶을 살아야 한다. 섬기는 자는 주님의 말씀을 마음에 새겨야지만 끝까지 쓰임 받을 수 있다는 것을 기억하라.

그러나 먼저 된 자로서 나중 되고 나중 된 자로서 먼저 될 자가 많으니라(마 19:30).

예수께서 제자들을 불러다가 이르시되 이방인의 집권자들이 그들을 임의로 주관하고 그 고관들이 그들에게 권세를 부리는 줄을 너희가 알거니와(마 20:25)

너희 중에 누구든지 으뜸이 되고자 하는 자는 모든 사람의 종이 되어야 하리라(막 10:44).

미약한 자를 통해

사십 평이 안 되는 지하 예배당을 건축하고 의자 놓을 돈이 없었다. 하루는 합판으로 의자를 만들려고 종이에 설계도를 그리고 있었다. 그때 대학을 갓 졸업하고 막 취업한 한 여청년이 자기가 의자헌금 전액을 하겠다고 말했다. 자기의 봉급에서 매월 할부로 헌금을 드리겠다는 것이었다. 그렇지 않아도 믿지 않는 부모님의 반대로 예배에 나오는 것조차 쉽지 않은 자매였다. 의자 스무 개를 마련하려면 그 당시 백만 원의 돈이 들었다. 자매는 목사의 만류에도 불구하고 끝내 의자헌금을 작정하고 의자를 들여 놓았다. 의자를 넣고 보니 정말 예배당처럼 보였다. 하나님은 부하고 강한 자를 통해 일하시는 것이 아니라 미약한 자들을 통해 일하신다. "그 작은 자가 천 명을 이루겠고 그 약한 자가 강국을 이룰 것이라 때가 되면 나 여호와가 속히 이루리라"(사 60:22).

대개의 경우 섬기는 자들은 부자가 아니다. 가난하고 미약한 사람들이 많다. 개척 초기에는 송탄이나 안성까지 자전거를 타고 다녔다. 그때는 자전거로 심방을 다니는 것이 기쁨이었다. 교회에서 십 킬로미터 정도 떨어진 안성에 사는 한 중학생이 예배에 빠지면 주일 오후에 자전거를 타고 그 학생에게 심방을 갔다. 아마 수십 번 갔을 것이다. 어른이 된 그 친구는 지금 교회에 나오지 않지만 언젠가는 나오리라 믿는다.

자전거를 타고 다니던 어느 날, 청년 두 명이 오토바이를 사왔다. 소형 오토바이였지만 참으로 좋은 자가용이었다. 넉넉하지 못한 형편임에도 베풀어 준 두 청년의 사랑에 감사하며 오토바이를 타고 다녔다. 고급 승용차 못지않은 최고의 자가용이었다. 오토바이가 생기자 활동 범위가 넓어져서 천안까지 다녔다. 그때는 도로에 차량이 적어 가능했던 시절이었다. 앞에는 아들을 태우고 뒤에는 아내가 타는 정말 좋은 자가용이었다. 그러나 일 년이 안 되어 오토바이를 도난당했다. 교회 앞에 세워둔 것을 누가 가져간 것이다. 아쉬웠지만 아무 사고

없이 탈 수 있었던 것만으로도 감사했다.

한 남자 청년이 예배당 꽃꽂이를 하기 시작했다. 꽃꽂이를 배우러 다니며 나중에는 자격증까지 따서 전문가 수준이 되었다. 누가 알아주지 않아도 섬길 수 있었던 것은 주님에 대한 사랑 때문이었다.

두 번째 예배당 입당을 앞두고 있었다. 모든 성도들이 합심해서 예배당을 지었다. 함께 벽돌을 쌓고, 예배당 바닥에 보일러를 깔았다. 예배당 안에 비품들이 하나씩 제자리를 잡았다. 예배당에 그랜드 피아노가 있었으면 하는 생각이 들었는데 한 젊은 순장 부부가 자신들이 예배당 피아노를 헌물하겠다고 했다. 사업을 시작한 지 얼마 되지 않아서 어려운 형편을 잘 알고 있던 터였다. 그러나 그들은 어려운 상황에서도 피아노를 드렸다.

지금 4층 벧엘홀에 있는 그랜드 피아노를 보면 젊은 부부의 섬김이 떠올라 아직도 감사한 마음이 든다. 이들은 오랜 시간이 지나도 궂은일을 마다않고 조용히 동역자의 위치에 서 있어 주어서 더욱 감사할 뿐이다.

하나님은 우리의 섬김을 다 보고 계신다. 사람들의 눈에 작게 보이는 섬김도 그냥 지나치지 않고 칭찬하시고 보상해 주신다. 하나님께서 크게 칭찬해 주시기 때문에 어떤 경우든 섬김은 외롭지 않으며 자랑스러운 일이다.

섬김의 기회

하나님께서는 성도들에게 기회를 주신다. 섬김도 성도들에게 주신 절호의 기회다. 그러나 섬김을 기회로 여기지 못하면 하나님께 쓰임 받을 수 있는 기회를 빼앗기게 된다. 물론 기회를 놓치고 뒤늦게 섬기는 이도 있지만, 주님의 몸 된 교회가 필요로 할 때 섬기는 것은 대단히 지혜로운 일이다.

매년 직분자를 임명하면 직분에 합당하게 섬기는 사람이 있는가 하면, 직분에 이름만 걸어 놓고 아무 일도 하지 않는 사람도 있다. 이런 자들이 스스로 찾아와 직분을 감당하지 못하니 직분 임명을 취소해 달라는 경우는 거의 찾아보기 어렵다. 집사이고 남의 이목 때문에 섬기미 지원은 했지만 섬기지 않는 사람도 있다. 이와는 반대로 교회에 등록한 지 얼마 안 되는 초신자가 주님의 사랑에 감사해서 최선을 다해 성심껏 교회를 섬기는 모습을 보면 감사가 절로 나온다.

살아 계신 하나님 앞에서 온전한 섬김을 과장했던 아나니아와 삽비라, 예수님께서 베다니 나병환자 시몬의 집에서 식사하실 때 값진 향유 옥합을 깨뜨려서 예수님의 머리에 부었던 한 여자(막 14:3), 이렇게 두 종류의 사람이 교회 안에서 함께 공존하고 있다. 주님은 다 아신다. 너무나 정확하게 그 의도까지 아신다. 그 섬김을 보시고 칭찬과 책망으로 반응하실 것이다.

첫 번째 예배당이 완성될 때쯤 2층과 3층을 올릴 재정이 필요했다. 평소에 친하게 지내던 이웃 교회 집사님께 부탁을 했다. 정말 용기를 내어 부탁했으나 그분은 매정하게 빌려 줄 수 없다고 했다. 하나님께 간절히 기도했다. 이번 재정 문제를 해결해 주시도록 기도해도 구할 곳이 없었다. 성도들은 형편이 어려운 자들과 청년들뿐이었다.

기도 중에 아버지 생각이 났다. 아버지는 빌릴 곳이 있을 것 같아서 부탁을 드렸다. 아버지는 웃으시면서 "지금까지 돈 가지고 가서 갚은 적이 있냐?"라고 하셨다. 마음이 뜨끔했다. 개척 이후 어려울 때마다 알게 모르게 도와주신 것이다. 이번에는 꼭 갚겠으니 빌려 주시든지 아니면 다른 곳에서 융통이라도 해 달라고 부탁드렸다. 얼마 후 돈을 빌려서 보내 주셨고 공사는 잘 마무리 되었다.

공사를 마치고 아버지를 찾아가 감사하다고 말씀드렸다. 그리고는 "아버지, 빌려 주신 돈 헌금하시면 안 되겠습니까?"라고 말하며 아버지의 얼굴을 살폈다. 아버지는 빙그레 웃으시며 "빌려 줄 때 이미 헌금하기로 작정했다"라고 하셨다. 아버지의 사랑에 감사해서 눈물이 나왔다. 드디어 첫 번째 예배당 건축이 끝났다. 건축완공 허가통지서를 받아 들고는 너무나 감사해서 예배당에 엎드려 감사의 기도를 드리는데 흐르는 눈물을 주체할 수 없었다. 삼 년에 걸친 예배당 건축이었다. 칠십 평이 채 되지 않는 조그만 건물이었지만 정말 크고 아름다워 보였다.

이후 돈 빌려 주기를 거부했던 집사님을 만날 기회가 생겼는데 그분이 그동안 당한 어려움을 털어 놓았다. 노인을 치는 교통사고를 내서 그 일을 해결하느라 고생이 많았다고 했다. 그리고 교통사고를 해결하기 위해 든 돈의 액수를 말하는 순간 놀라지 않을 수 없었다. 교회에서 빌려 달라고 한 그 액수와 같았기 때문이다.

하나님은 성도들에게 섬김의 기회를 주신다. 기회를 놓치는 것은 어리석은 짓이다. 불러주실 때 주저하지 않고 섬기는 것이 큰 축복이다. 섬기는 자들을 통해 하나님의 나라가 확장되고 복음이 전파될 기초가 쌓이기 때문이다.

섬김의 문화

이스라엘 백성들은 애굽에서의 삶이 몸에 배어 있었다. 하나님은 광야 생활 중에 그들의 몸에 배인 습관들 때문에 진노하셨다. 그들은 르비딤에서 마실 물이 없자 불평했다. 모세와 다투고 이전 애굽생활을 그리워했다. "거기서 백성이 목이 말라 물을 찾으매 그들이 모세에게 대하여 원망하여 이르되 당신이 어찌하여 우리를 애굽에서 인도해 내어서 우리와 우리 자녀와 우리 가축이 목말라 죽게 하느냐"(출 17:3). 어려움만 생기면 터져 나오는 애굽에 대한 향수가 가나안으로 향하는 가장 큰 장애물이었다. 고비마다 옛 습관이 그들의 발목을 잡았다.

교회 안에 섬김의 문화가 정착되기까지 옛 습관과 싸워야 한다. 전통적인 모습에 익숙한 자들은 옛 습관을 버리지 않으려고 한다. 섬김의 문화가 교회 안에 정착되면 교회는 질서가 있고 평안하다. 그러나 섬김의 문화가 정착되기까지는 많은 저항과 방해가 있다. 그래서 많은 것을 잃을 수도 있지만 인내해야 한다. 어떤 경우는 사람들이 교회를 떠나기도 한다.

마리아가 예수님의 발에 비싼 향유를 붓는 것을 보며 분개하던 가룟 유다 같은 사람들이 교회 안에 존재한다. 비싼 향유를 팔아 삼백 데나리온에 팔아 가난한 자를 많이 도울 수 있다고 정의감에 차 목소리를 높이는 자들은 주님을 향한 사랑의 섬김에는 무관심하다. 이들은 가룟 유다처럼 자신의 욕심을 가리고 거짓을 말하는 자들이다. 섬김 받기를 원하고 자신의 섬김을 자랑하는 교회는 요란하다. 섬긴 후에도 공과를 따지느라 시끄럽다. 그리고 회의 시간만 되면 권리를 주장하고 요구하기 때문에 긴장감이 감돈다. 그러나 서로 섬기기를 원하면 더이상 할 말이 없다. 요구하고 주장하던 성도들도 섬김의 마음을 가지면 그때부터는 침묵한다.

  교회의 어느 부서에 정수기를 놓아 달라고 주장하는 한 자매가 있었다. 그 자매에게 교회에서 정수기를 설치해 줄 테니 관리는 자매님이 해 달라고 했다. 그러자 그 자매는 바빠서 할 수 없으니 없었던 일로 하자고 했다.

  초신자들은 섬기는 것을 부담스러워한다. 순모임에서 간식을 대접하는 것도 부담이 된다고 한다. 그러나 성숙해지면 섬기는 것을 자연스럽게 받아들이고 섬기는 것을 즐거워한다. 섬김의 문화를 정착시키려면 시간이 걸린다. 인내하고 훈련해야 한다. 대개의 경우 섬김의 훈련을 받지 못한 전통교회에서 신앙생활을 한 성도들은 섬김의 문화에 대해 심하게 저항하고 방해한다. 섬김 받기를 좋아하거나 섬김의 축복을 모르기 때문이다. 그러나 교회가 교회되기 위해서는 섬김의 문화를 정착시켜야 한다. 섬김의 훈련을 지속적으로 하게 되면 자연스럽게 섬김의 문화가 정착된다.

주일 낮 예배 후 새 가족들과 각 부서의 섬기미들에게 식사를 대접하는데 매주 순모임별로 식사를 준비한다. 제자훈련을 시작한 이후부터 아름다운 전통이 되었다. 자신들의 순서가 돌아오면 마음을 다해 정성껏 준비한다. 간혹 다른 교회에서 온 분들 가운데 교회 재정은 어디에 쓰고 순모임에서 식사를 대접하냐고 불평을 하다가 다른 교회로 옮긴 사람도 있다.

섬김의 문화를 정착시키기 위해서는 뼈를 깎는 노력이 필요하다. 평택대광교회에서 순장으로 섬기던 한 자매가 이사를 가서 다른 교회에 가게 되었다. 그 자매가 교회 재정으로 준비하는 성가대 식사를 각 구역별로 돌아가며 섬기자고 제안했다가 직분자들의 호랑이 눈 같은 따가운 눈총을 받고 힘들었다는 이야기를 들은 적이 있다.

교회에 섬김의 문화가 정착되면 평안해진다. 그리고 모든 일에 질서가 잡힌다. 주님께서 교회에 섬김의 문화를 요구하셨음을 기억해야 한다.

섬기미가 가득한 교회

예배당에 들어서면 언제나 섬기미들을 만날 수 있다. 먼저 로비 섬기미들을 만나게 된다. 매일 오전 오후 두 명의 섬기미가 교회를 찾아온 방문객들이나 성도들을 환한 웃음으로 맞이한다. 이들은 출근과 함께 로비 곳곳을 먼저 청소하면서 성도들과 방문객을 맞을 준비부터 한다. 사무실로 들어가면 역시 섬기미들을 만나게 된다. 다섯 명의 섬기미가 한 주 동안 사무실의 모든 사무를 보며 성도들을 섬긴다. 아침 아홉 시부터 오후 여섯 시까지 쉬는 날 없이 돌아가며 사무실에 나온다. 교회 관리 역시 섬기미들 몫이다. 다른 교회처럼 관리간사가 없이 섬기미들이 틈틈이 교회를 돌아보며 여러 부분을 점검한다. 이들은 건물 유지보수, 전기, 보일러, 차량 등을 관리한다. 관리 섬기미들은 대개 자기 사업을 하는 형제들이다. 이들은 예배당 관리를 위해 소방과 관리에 필요한 훈련을 받고 필요한 자격증을 취득까지 했다. 섬김의 가치를 알기 때문에 자신의 시간과 물질을 드려 섬기는 것이다.

 매주 월요일 아침 열 시가 되면 열다섯 명 정도의 대예배당 청소 섬기미 자매들이 모여든다. 이들은 함께 모여서 기도한 후 각자 맡은 구역에서 청소를 시작한다. 자매들 중에는 어린

아이를 데리고 나와서 청소하는 경우도 있다. 대예배당 청소는 금요일에도 있다. 금요일 오후 일곱 시부터 또 다른 섬기미들이 청소를 시작한다. 수요예배 시간에 사용한 예배당은 이들의 손에 의해 깨끗하게 된다. 이들의 섬김으로 예배당은 언제나 깨끗하다. 매일 새벽 예배와 금요 기도회 장소로 사용하는 4층 벧엘홀의 청소 섬기미들은 월, 목, 토요일 세 팀이 있다. 이들은 각각 정해진 시간에 함께 청소를 한다. 가장 많이 사용하는 곳이지만 언제나 깨끗하다. 그리고 각 계단도 각 층별 섬기미들이 시간을 정해놓고 청소를 한다.

가장 치열한 경쟁률을 뚫고 선택된 자의 자부심을 가지고 청소하는 화장실 청소 섬기미들은 매일 당번이 있다. 일곱 곳의 화장실에서 마흔세 명의 섬기미들이 매일 청소를 담당한다. 그리고 작은 모임실과 독서실과 각 층 복도와 묵상의 광장과 청소도구함 섬기미 등 스물다섯 명 정도가 맡은 일에 최선을 다한다. 이뿐 아니라 궁휼사역에 참여하는 부서도 있다. 월요일부터 금요일까지 결식자 점심식사를 제공하는데 매일 세 명의 섬기미들이 섬기고 있다. 그리고 장례와 어려운 이웃에게 쌀과 반찬으로 섬기는 이웃사랑 나눔회에 오십여 명의 섬기미들이 있다.

그 외 예배 섬기미들은 예배에 차질이 없도록 준비한다. 새벽 예배를 준비하는 새벽예배 섬기미들은 정해진 날에 일찍 와서 예배당 문을 미리 열고 예배당 온도와 음향을 체크하면서 차질이 없도록 준비한다. 그리고 예배 섬기미는 모든 예배에서 안내와 예배 준비, 처음 교회를 찾은 분들을 섬긴다.

차량 섬기미들도 빼놓을 수 없다. 모든 예배에 차량 운전을 하는 섬기미들이 있다. 그분들은 대형차량 두 대와 십이 인승 두 대를 운전한다. 새벽예배 차량 운행도 일주일에 하루씩 일곱 명이 섬긴다. 모두 열다섯 명 정도의 차량 섬기미들이 이 일을 담당하고 있다.

또한 네 개의 찬양단이 있어 각 예배의 찬양단 섬기미로 섬긴다. 새벽예배 때는 매일 정해진 반주자들이 자기가 맡은 요일에 새벽 반주로 섬긴다. 예배당 환경을 담당하는 섬기미들은 쓰레기 담당에서부터 화초 관리, 수족관 관리, 주방 관리 등을 한다. 그리고 성찬, 방송, 멀티미디어, 의전, 교회 서점 등을 섬긴다. 새가족을 섬기는 해피타임 섬기미들은 교회에 처음 나온 분들이 해피타임에 잘 참석하고 수료할 수 있도록 새가족을 섬기고 있다.

이외에도 기록하지 못한 섬기미들이 이름 없이, 빛도 없이 교회를 섬기고 있다. 매일 한 시간에 두 명씩 시간마다 예배당에 들어오고 나가는 사람들, 바로 중보기도 섬기미들이다. 이들은 교회 모든 사역의 영적 파수꾼들로, 매주 한 시간씩 기도하는 140명의 중보기도 섬기미들이다.

섬기미들의 얼굴이 환한 이유는 그 무엇과도 바꿀 수 없는 천국에 대한 소망과 십자가의 은혜와 감격이 있기 때문이다.

다음 세대를 향한 섬김

오늘날 자녀를 바르게 가르치는 것은 참으로 어려운 일이다. 성공적인 부모가 되어야 한다는 세상적인 강박관념에 시달리는 부모들의 잘못된 열정 때문이다. 한국의 부모들은 공부에 모든 초점을 맞추고 있다. 하나님을 잘 섬기는 것이 목적이 아니라 하나님을 이용하여 자녀를 출세시키는 것이 목적인 경우가 많다.

부모는 자녀들에게 어려서부터 부지런히 신앙 교육을 시켜야 한다. 신명기 6장 7절에서 하나님은 "네 자녀에게 부지런히 가르치며 집에 앉았을 때에든지 길에 갈 때에든지 누워 있을 때에든지 일어날 때에든지 이 말씀을 강론할 것이며"라고 말씀하신다. 이는 이스라엘 백성이 당시 가나안 족속의 사악한 문화에 쉽게 동화될 수 있음을 아시고 하신 말씀이다. 오늘날도 사단의 문화와 풍속이 자녀들을 유혹하고 있기 때문에 부모는 자녀들의 신앙 교육에 온 힘을 다해야 한다.

요즘 부모들이 학교성적을 위해 좇아다니는데 그 열심을 신앙교육에 쏟는다면 놀라운 일들이 일어날 것이다. 자녀들을 통해 믿음의 가문이 세워질 것이기 때문이다. 가장 값진 유산은 신앙의 유산이다. 신앙의 유산을 물려주기 위해서는 먼저 부모가 모범을 보여야 한다. 가정에서 가정예배를 드리고 매일 경건의 시간을 가지도록 모범을 보이고 인도해야 한다. 자녀들이 학교에서 보내는 시간을 믿음으로 이길 수 있는 힘을 키워야 하는 것이다.

평택대광교회에서는 교회 자녀들을 대상으로 중·고등 과정 대안학교인 자유기독학교를 2007년도에 개교했다. 자녀들을 믿음으로 키우는 것이 가장 중요하다는 것을 아는 부모들이 자녀들을 이 학교에 보내고 있다. 큐티로 하루를 시작하고 매일 성경읽기와 기도회 시간을 가진다. 한 주에 한 번 제자훈련을 실시하고, 일주일에 세 번 부모와 함께 새벽예배에 나와야 한다. 그리고 모든 예배에 빠짐없이 참석하도록 하여 영적인 성장을 돕고 있다. 아울러 일반 교과목을 충실히 공부하여 실력을 키우고, 독서와 태권도, 수영, 악기수업 등을 통해 체력과 감성을 기르고 재능을 키우는 데도 힘을 쏟고 있다. 명사 초청 특강, 체험학습, 영어캠프, 해외연수, 단기선교 등 다양한 프로그램을 개발하여 인성과 영성과 실력을 갖춘, 다음 세대를 이끌 글로벌 리더를 키우는 데 주력한다.

그리고 주일 밤에는 자녀들과 함께하는 가족 예배를 드린다. 영아부터 중·고등학생에 이르기까지 다 함께 예배를 드린다. 어릴 때부터 함께 예배드려서 예배를 통한 축복을 누리게 하고 예배의 중요성을 일깨워 주기 위해서다. 아이들이라도 떠드는 경우는 거의 없다. 부모들이 훈련시킨 결과라고 볼 수 있다. 주일 밤이나 수요일 밤 예배 시간에 강사로 오는 분들은 부모들이 어린 자녀들을 데리고 함께 예배드리는 모습에 큰 은혜를 받는다고 말한다. 어릴 때부터 예배를 귀하게 여기는 자녀들이 성장해서 각 분야에서 믿음의 영향력을 끼칠 인물이 될 것이라는 생각을 하면 벌써부터 기대가 되고 가슴이 뛴다. 자녀를 믿음으로 잘 양육하는 것이야말로 다음 세대를 섬기는 가장 값진 사역인 것이다.

3장
예수님과 리더십

인자가 온 것은 섬김을 받으려 함이 아니라
도리어 섬기려 하고
자기 목숨을 많은 사람의 대속물로 주려 함이니라
● 마가복음 10장 45절

미국의 백화점 왕이라고 불리는 믿음의 사람 워너메이크가 이런 말을 했다. "목적 없이 산다는 것은 위험한 일이다. 또 목적이 있더라도 그것이 낮은 것이라면 역시 위태롭다. 목적이 희미하거나 낮은 것은 죄악과 가까이 서 있기 때문이다." 바른 목적과 잘못된 목적은 그 결과가 엄청난 결과를 가져온다. 재능이 없어 실패하는 사람보다 목적이 없어서 실패하는 사람이 더 많기 때문이다. 인류를 이롭게 한 사람들이 이룬 목적의 뒤편에는 섬김이라는 뿌리가 깊이 내리고 있다.

섬김과 목적

예수님께서 이 땅에 오신 목적은 영혼을 구원하기 위해서다. "인자가 온 것은 잃어버린 자를 찾아 구원하려 함이니라"(눅 19:10). 그래서 예수님은 영혼을 구원하는 교회와 성도를 가장 기뻐하신다. 영혼을 구원하는 교회를 향해 박수를 보내신다. 더 나아가 격려와 용기를 북돋아 주시고 항상 함께해 주신다.

영혼을 구원하기 위해서는 섬김의 자세가 꼭 필요하다. "인자가 온 것은 섬김을 받으려 함이 아니라 도리어 섬기려 하고 자기 목숨을 많은 사람의 대속물로 주려 함이니라"라고 하신 마가복음 10장 45절 말씀처럼 영혼 구원을 위한 사역은 예수님의 섬김으로 시작되었다. 예수님의 사역은 처음부터 끝까지 섬김의 사역이었다. 하나님 나라의 사역에서 희생을 통한 섬김이 없다면 열매도 없다. 마찬가지로 하나님께서 세우신 공동체인 교회와 가정에서 섬김의 정신이 없다면, 주님께서 원하시는 열매를 기대할 수 없을 것이다.

오늘날 교회와 가정에서 고통이 생기는 이유는 섬기기보다 섬김을 받으려 하기 때문이다. 예수님은 인간의 몸으로 오셔서 최고로 섬기는 삶을 사셨다. 자신의 생명까지 주셨기 때문이다. 이 땅 최고의 가치는 생명이다. 생명보다 귀한 것은 없다. 생명을 주셨다는 것은 예수님께서 모든 것을 다 주셨다는 것이다. 열두 제자가 자신의 생명까지도 아끼지 않고 땅끝까지 복음을 전해 많은 열매를 맺게 된 것은 예수님께서 뿌린 섬김의 씨앗이 있었기 때문이다.

세계 곳곳으로 나가 복음을 전한 선교사들의 삶 역시 섬기는 삶을 살았다. 조선에 복음을 전한 토마스 선교사는 이십 대에 생명을 바쳤다. 짧은 생애였지만 자신의 기회를 포기했다. 그는 스물네 살에 고향인 하노버 교회에서 목사 안수를 받고 결혼과 함께 중국 상해에 도착했지만 그 해, 아내 캐롤라인이 병사했다. 2년 후인 1865년 9월 1차 한국 선교를 위해 서울로 향하다가 태풍으로 죽음의 고비를 넘기기도 했다. 그러나 북경으로 돌아간 이듬해 제너럴셔먼호 사건이 터졌다. 그리고 그는 1866년 9월 5일 스물일곱 살의 젊은 나이로 순교했다. 그의 생명을 바친 섬김은 엄청난 영향력으로 나타났다. 셔먼호가 불탈 때 선두에서 전도했던 그의 외침과 그가 전해 준 성경은 복음 전파의 기초석이 되었다. 한국 교회 최초의 선교사요, 최초의 순교자인 그의 생명을 바친 섬김은 작은 불꽃 같았지만 큰 불을 일으킨 것이다.

느헤미야는 페르시아왕의 신임을 받는 술 맡은 관원이었다. 그는 어느 날 하나니로부터 피폐한 예루살렘의 소식을 듣고 자신의 부귀영화를 포기하고 예루살렘 귀환을 결정했다. 그리하여 예루살렘 성벽이 52일 만에 건축되고 사회제도와 종교제도를 정비하여 이스라엘의 거룩성과 회복을 추구했다. 느헤미야 한 사람의 섬김이 이스라엘을 영적으로 회복시키는 결과를 가져온 것이다.

하나님께서 주신 목적을 깨달은 자들은 섬김으로 그분의 뜻을 이루어 갔다. 섬김의 삶을 살았던 자들은 위대한 목적을 바라보며 살았다. 개인의 목적이 아니라 하나님께서 주신 목적을 향해 뛰었다. 예수님은 위대한 목적을 모범적으로 보여 주셨고, 그 일을 위해 섬기셨다. 그리고 제자들에게 목적을 이루어야 하는 이유를 설명하셨다. 제자들은 힘을 다해 최선의 노력을 기울였다. 예수님의 섬김은 제자들이 목적을 향해 달려가도록 만든 가장 강력한 에너지가 된 것이다. 섬김은 하나님께서 말씀하신 거룩한 목적을 향해 가도록 길을 닦는 최고의 방법이다.

섬김의 리더십

예수님은 사역의 계승을 위해 이 땅에서 제자들을 준비시키는 일에 힘을 쏟으셨다. 예수님은 제자들이 지위를 놓고 논쟁을 하고 있는 모습을 보시고 하나님 나라에 속한 사람의 삶이 어떠해야 하는지 말씀하셨다. 제자들이 가진 지위에 대한 욕심은 다툼으로 이어지고 사역의 목표를 이룰 수 없게 만든다는 사실을 잘 알고 계셨기 때문이다. 이 땅에서 일어나고 있는 자리다툼의 결과는 처참하다. 사단은 이 방법을 통해 하나님 나라 사역을 방해하고 있기 때문이다.

사람들에게서 가장 두드러지게 나타나는 욕심 중 하나가 좋은 자리에 대한 경쟁심이다. 경쟁심은 하나가 되지 못하게 하고, 서로 간의 신뢰를 깨뜨리고 불화를 일으켜서 가장 중요한 목적을 향해 나아가지 못하도록 한다.

오늘날 교회 안에서 자리에 대한 욕심 때문에 교회가 복음 전파에 심각한 방해를 받고 있음을 부인할 수 없다. 세베대의 아들 야고보와 요한을 예수님의 좌우편에 앉혀 달라는 요구에 대해 격분하고 있는 제자들에게 예수님은 제자들의 잘못된 생각을 정리해 주셨다. 이 땅의 권세는 부리는 권세이지만, 하나님 나라의 권세는 섬기는 권세라고 말씀하신 것이다(막 10:42~44). 예수님은 일반적인 지도력의 개념을 정반대로 말씀하심으로 섬김의 권세가 가장 영향력이 있고, 영원하다는 것을 알려 주셨다. 그리고 으뜸이 되고자 하는 자는 모든 사람의 종이 되어야 한다고 말씀하셨다.

섬김의 힘은 자원하는 마음과 적극적이고 긍정적인 자세라고 할 수 있다. 힘든 일을 앞장서서 기쁨으로 감당해야 하기 때문이다. 그러나 자리나 보수를 기대하고 하는 봉사는 결코 오래갈 수 없고 기쁨으로 섬길 수도 없다. 뿐만 아니라, 하나님의 뜻이나 목적이 크게 중요하지 않기 때문에 언제든 헌신짝처럼 던져 버릴 수 있다.

예수님은 제자들에게 분명히 말씀하셨다. "사람이 나를 섬기려면 나를 따르라 나 있는 곳에 나를 섬기는 자도 거기 있으리니 사람이 나를 섬기면 내 아버지께서 그를 귀히 여기시리라"(요 12:26). 예수님께서 이 땅에서 하나님의 뜻인 구원 사역을 섬김의 리더십으로 이루신 것이다.

이 땅에 속한 모든 성도들은 주님의 마음을 품고 따라가야 한다. "너희 안에 이 마음을 품으라 곧 그리스도 예수의 마음이니"(빌 2:5).

예수님의 마음인 섬김의 자세를 가지고 나아가는 지체들이 모인 교회는 주님의 사역을 계승하게 될 것이다. 그리고 성도들이 사역을 마치고 주님 앞에 섰을 때 '잘하였도다 착하고 충성된 종'이라고 칭찬받게 될 것이다.

종의 자세

후안 카를로스의 『제자입니까』에 보면 종에 대해 잘 설명한 글이 나온다.

"이 진주를 사고 싶습니다. 가격이 얼마입니까?"

"그 진주 말입니까? 그건 매우 비싼데요." 상인이 말한다.

"얼마나 비싸죠?"

"굉장히 비쌉니다."

"제가 이 진주를 살 수는 있겠습니까?"

"물론입니다. 누구나 이 진주를 살 수 있습니다."

"하지만 굉장히 비싸다고 하지 않았습니까?"

"그랬지요."

"도대체 얼마입니까?"

상인이 대답한다. "당신이 소유한 것 모두를 내십시오."

마음을 정한 이 사람은 "좋습니다. 내가 사겠습니다"라고 말한다.

"그렇다면 무엇을 가지고 계신지 알아볼까요. 어디 여기에 적어봅시다."

"우선 은행에 만 달러가 있고……."

"만 달러라…… 좋습니다. 또 없습니까?"

"그게 전부입니다."

"더이상은 없습니까?"

"아, 제 주머니에 돈이 얼마 있군요."

"얼마나 됩니까?"

그는 주머니를 뒤지기 시작한다. "어디 보자, 30, 40, 50, 80, 100, 아 여기 100달러가 있습니다."

"좋습니다. 더 가진 것 없습니까?"

"그게 제가 가진 것 전부입니다."

"어디에 사십니까?" 상인이 여전히 캐묻는다.

"집에서 삽니다. 그러고 보니 집 한 채가 있군요."

"집이라, 좋습니다. 집도 적습니다." 그는 집도 종이에 적어 넣는다.

"아니, 그러면 저보고 캠퍼(야영 시설이 갖추어진 자동차)에서 살라는 것입니까?"

"캠퍼를 가지고 있습니까? 그것도 내십시오. 다른 것은 더 없습니까?"

"캠퍼도 없으면 차 안에서 자야겠군요."

"자동차가 있습니까?"

"두 대 있습니다."

"두 대 모두 내십시오. 자동차 두 대…… 또 없습니까?"

"또 라니요? 당신은 이미 제 집, 돈, 캠퍼, 자동차를 가지고 갔습니다. 더이상 무엇을 원하십니까?"

"당신은 가족이나 친지도 없습니까?"

"처와 자식이 있습니다만……."

"아 그래요. 그러면 처자식도 적겠습니다. 또?"

"이제 제가 가진 것은 아무것도 없습니다. 이제는 이 몸뚱이 하나뿐입니다."

이때 진주를 파는 상인이 갑자기 탄성을 지른다.

"아, 깜빡 잊을 뻔했습니다. 당신, 바로 당신도 적겠습니다. 모든 것이 이제는 내 것이 되었습니다. 아내, 자식들, 집, 돈, 자동차, 그리고 당신 역시 내 것이 된 것입니다."

그는 이어서 말한다. "잘 들으십시오. 당신에게 잠깐 동안 이 모든 것들을 사용하도록 허락하겠습니다. 그러나 당신이 나의 것이듯, 그것들 모두 내 것임을 잊어서는 안 됩니다. 이제 내가 주인이기 때문에, 내가 필요하다고 할 때 언제든지 그것들을 포기해야 합니다."

예수님은 자신의 생명을 죄인들을 위해 희생 제물로 내어 주셨다. 예수님께서 생명까지 주신 이 섬김보다 더 큰 사랑은 없다. 예수님은 종의 형체를 가지셨다고 했다.

그는 근본 하나님의 본체시나 하나님과 동등됨을 취할 것으로 여기지 아니하시고 오히려 자기를 비워 종의 형체를 가지사 사람들과 같이 되셨고 사람의 모양으로 나타나사 자기를 낮추시고 죽기까지 복종하셨으니 곧 십자가에 죽으심이라(빌 2:6~8).

예수님은 자신의 뜻을 포기하셨다. 자신의 것을 주장하지 않으셨다. 예수님은 종의 자세에 대해 말씀하셨다.

너희 중에 누구에게 밭을 갈거나 양을 치거나 하는 종이 있어 밭에서 돌아오면 그더러 곧 와 앉아서 먹으라 말할 자가 있느냐 도리어 그더러 내 먹을 것을 준비하고 띠를 띠고 내가 먹고 마시는 동안에 수종들고 너는 그 후에 먹고 마시라 하지 않겠느냐 명한 대로 하였다고 종에게 감사하겠느냐 이와 같이 너희도 명령 받은 것을 다 행한 후에 이르기를 우리는 무익한 종이라 우리가 하여야 할 일을 한 것뿐이라 할지니라(눅 17:7~10).

종은 자신이 해야 할 일을 잘 감당한 후에도 주인의 다음 명령에 순종한다(눅 17:8). 주인이 식사하는 동안 수종들라는 명령에 대해 열심히 일했으니 이제 자신도 먹고 마셔야 한다고 이

의를 제기하지 않는다. 만약 종의 자세가 없다면 불평할 수밖에 없다. 종은 묵묵하게 맡겨진 일을 계속한다. 자신이 행한 일에 대해 자랑하거나 주장하지 않고 침묵한다. 종의 자세가 없다면 화병으로 고통당할 수도 있다. 또한 종은 사례에 대한 기대감을 버리기 때문에 평안함을 누리게 된다.

성도들은 이 땅에서 조급하게 대가를 기대하지 않아야 한다. 만약 조급하게 대가를 기대했다면 선교사 지원자가 줄고, 자기 십자가를 지려고 하지 않을 것이다. 종의 자세를 가진 자들이 있었기에 하나님의 나라가 확장되었고 그들의 희생과 섬김으로 우리가 예수님을 믿게 된 것이다. 주님은 명령 받은 것을 다 행한 후에 '무익한 종이라 해야 한다'고 하셨다(눅 17:10). 이는 자신이 필요 없다는 말이 아니다. 종의 의무를 다한 것이 칭찬받거나 대가를 인정받을 만한 일은 아니라는 것이다. 피조물인 인간은 마땅히 하나님의 뜻을 좇아 살아야 하기에 철저하게 섬김의 자세로 살아야 한다는 것이다.

종의 자세가 사라지면 그때부터 요구하기 시작하고, 서운함과 분노가 생기고 미움으로 다툼이 시작된다. 우리나라는 근대화 과정에서 유물론의 등장으로 좌우사상이 대립했으며, 그 속에서 한국전쟁을 치르게 되었다. 그 과정에서 종의 신분이나 소작인들은 주인으로부터 착취를 당하고 있다는 것이 유난히 크게 보였고 주인과 대립해서 폭력으로 재산을 빼앗게 된 것이다. 종의 자세가 없어지면 감사가 사라지고 분열과 아픔으로 모두가 고통당하는 것이다. 종의 정신으로 무장된 자들이 직분자가 되어야 한다. 그래야 교회가 세상을 변화시킬 힘을 갖게 된다. 예수님께서는 고난의 종으로 오셨기 때문에 치욕을 감당하시고 구원 사역을 성취하신 근본적인 동력이 되신 것이다.

미국 대통령 프랭클린 루스벨트에게 해리 홉킨스라는 비서가 있었다. 그는 약해 보이고 어설퍼 보였지만 대통령은 항상 그를 곁에 두었다. 누군가 대통령에게 물었다. "왜 부족해 보이는 해리 홉킨스를 오른팔처럼 곁에 두십니까?" 대통령이 대답했다. "저 문을 통해 드나드는 사람들 대부분은 내게 뭔가를 원하는 사람이지만 홉킨스는 나의 뜻을 알아차리고 섬겨 주지요. 그것이 내가 그를 곁에 두는 이유요."

주님께서도 종의 자세로 섬기는 자들과 함께 일하시고 하나님의 뜻을 이루어 가신다는 것을 알아야 한다.

천국 소망과 섬김

예수님은 이 땅에 계시면서 계속해서 천국에 대한 소망과 천국에 대한 상급을 제시하셨다. 하나님 나라의 백성들은 천국의 소망과 천국 상급에 대한 기대를 가지며 살라고 하신 말씀이다. 소망을 가지면 끝까지 참고 기다린다. 그리고 기쁨으로 일한다. 눈앞에 보이는 이 땅의 보수에 크게 마음을 빼앗기지 않는다.

우리는 예수님이 가장 성공적인 지도자라는 사실에 이견이 없다. 그렇다면 주님께서 왜 이 땅에 사시면서 끊임없이 소망을 강조하셨는지를 알아 차려야 한다. 소망 없는 섬김은 풍성한 열매를 기대할 수 없기 때문이다.

소망을 가진 자는 삶의 초점을 하나님께 맞춘다. 믿음의 사람들은 한결같이 소망의 근거가 하나님이심을 고백했다. 시편 기자는 자신의 소망은 하나님이라고 고백했다. "주여 이제 내가 무엇을 바라리요 나의 소망은 주께 있나이다"(시 39:7). 이뿐 아니라 사도 바울도 하나님만이 소망임을 고백했다. "소망의 하나님이 모든 기쁨과 평강을 믿음 안에서 너희에게 충만하게 하사 성령의 능력으로 소망이 넘치게 하시기를 원하노라"(롬 15:13).

소망을 가진 자는 생활 자체가 찬송으로 기쁨이 넘친다. "나는 항상 소망을 품고 주를 더욱더욱 찬송하리이다"(시 71:14). 또한 인내하며(살전 1:3) 담대함(히 3:6)을 가진다. 이뿐 아니라 소망을 가진 자는 부지런하다(히 6:11). 또한 상급을 주시는 분도 하나님이심을 확신하기에 이 땅의 섬김에 대해서 어떤 경우도 동요하지 않는 것이다.

소망의 결과는 즐거움이다. "의인의 소망은 즐거움을 이루어도 악인의 소망은 끊어지느니라"(잠 10:28). 아울러 복 있는 자가 된다. "야곱의 하나님을 자기의 도움으로 삼으며 여호와 자기 하나님에게 자기의 소망을 두는 자는 복이 있도다"(시 146:5).

윌리암 클라크(William Clark)는 1826년 미국에서 태어나 앰허스트 대학을 졸업하고 독일 괴팅겐대학에서 화학과 식물학을 전공한 자연과학자가 되었고, 스물여섯의 젊은 나이에 모교 교수가 되었다. 그 후 매사츄세츠 주립 농과대학의 학장까지 지냈다. 1876년 일본 정부의 근대화 정책의 일환으로 초청을 받아 일본으로 건너가 홋카이도대학의 전신인 삿포로농업학교 교장으로 봉직한 2년 동안 그는 자연과학과 함께 성경을 가르쳤다. 삿포로농업학교 교장으로 취임하자 이 학교의 교훈을 'Boys! be ambitious!'(청소년들이여! 야망을 가지라!)라고 정했다.

학생들은 이 교훈에 깊은 감동을 받았고 그의 교훈은 삿포로 학교뿐 아니라 전국의 일본 청소년에게 큰 도전을 주었다.

이 학교에 다니던 우찌무라 간조(內村鑑三)라는 한 학생은 졸업 후 클라크의 모교에서 유학을 했고, 클라크의 교훈과 기독교 신앙을 통해서 일본 근대화의 정신적인 지도자가 되었다. 그의 영향을 받은 자로 김교신, 함석헌 등이 있다.

소망이야말로 안으로는 자신을 키워 주고, 밖으로는 이 민족의 미래를 긍정적으로 발전시킬 수 있는 힘이 된다. 예수님께서 불어넣어 주신 소망은 우리의 이상과 비전이 되어 섬김의 지도자로 거듭나게 하며, 풍성한 열매를 맺는 하나님께서 인정하시는 지도자가 되게 한다.

4장
그리스도의 몸의 원리를 통해
배우는 섬김의 원리

이와 같이 우리 많은 사람이 그리스도 안에서 한 몸이 되어
서로 지체가 되었느니라
● 로마서 12장 5절

예수님은 교회를 '그리스도의 몸'이라고 말씀하셨다. 성도들을 지체라고 하시면서 예수님의 몸의 일부로 표현하신 것이다. 스페인에서는 말을 훈련시키는 종마 학교가 있다. 이 말들은 음악에 맞추어 동작하는 훈련을 받는다. 오랫동안 훈련을 받고 기병대 소속이 된다. 말은 기수의 말에 따라 움직인다. 너무나 호흡이 잘 맞는다. 말은 주인인 기수의 몸의 일부처럼 움직인다. 기수와 말이 기막히게 조화를 이루는 것이다.

성도들을 지체에 비유한 것은 머리이신 주님의 뜻을 받들어 섬겨야 함을 말씀하신 것이다. 몸속에 있는 지체(肢體)는 평생 몸을 위해 일한다. 심장이나 폐는 모든 사람이 잠자는 한밤중에도 쉬지 않는다. 생명이 다하기까지 한시도 쉬지 않고 정말 죽도록 충성하는 것이다. 이런 섬김 때문에 낮 동안에 몸이 건강하게 활동하는 것이다. 그리스도의 몸인 교회와 지체들과의 관계를 통해 섬김의 중요성과 그 정신을 배울 수 있다. 지체들이 어떤 정신을 가져야 할지 몇 가지를 살펴보자.

사명감

몸속의 모든 지체는 자기가 해야 할 일을 안다. 그리고 생명이 다할 때까지 맡겨진 일에 최선을 다한다. 각 지체가 병드는 경우를 제외하고는 끝까지 자신에게 맡겨진 일에 최선을 다하는 것이다. 사명의식을 가지면 중요한 일과 사소한 일을 명확하게 구분하는 지혜를 가지게 된다.

미국의 초대 대통령 조지 워싱턴이 친구와 심한 논쟁을 했고 결국 두 사람은 결투를 하기에 이르렀다. 당시의 결투는 한쪽이나 두 사람 모두 생명을 잃는 경우가 많았다. 워싱턴은 집에 돌아와 자신의 행동을 돌아보았다. 스스로 크게 잘못했다고 느낀 다음 자신의 잘못에 대해 책임을 져야겠다는 생각이 들어 친구를 찾아갔다. 그 친구는 여러 친구와 함께 있었다. 워싱턴은 자신의 잘못을 솔직하게 인정하고 용서를 구했다. 그러자 그 친구가 손을 내밀었고 둘은 손을 굳게 잡았다. 이 두 사람은 평생 좋은 친구가 되었다. 그 모습을 본 한 사람은 다음과 같이 말했다. "워싱턴은 반드시 큰 인물이 될 거야." 사명의식을 가지면 사소한 일 때문에 잘못된 결정을 하지 않는다.

사명에 대한 확신이 있으면 어떤 경우에도 흔들림 없이 끝까지 섬길 수 있다. 그리고 그 사명 때문에 사소한 문제를 포기하거나 손해를 보지만 크게 연연하지 않는다. 평택대광교회도 27년이란 세월 가운데 많은 사람들이 떠나갔다. 그들 가운데 몇몇은 한때, 하나님께서 주신 사명을 평생 섬기겠다고 입버릇처럼 말하던 자들도 있다.

그리스도의 몸인 교회에 속한 모든 지체는 그리스도의 몸 된 교회에 주신 사명과 그 뜻이 일치해야 한다. 예수님은 이 땅에서 사명의식을 가지고 섬기셨다. 예수님의 사명은 하나님의 뜻을 행하는 것이었다. "나를 보내신 이의 뜻은 내게 주신 자 중에 내가 하나도 잃어버리지 아니하고 마지막 날에 다시 살리는 이것이니라"(요 6:39).

이 일을 위해 복음 전하는 일에 모든 힘을 쏟으셨다. "예수께서 온 갈릴리에 두루 다니사 그들의 회당에서 가르치시며 천국 복음을 전파하시며 백성 중의 모든 병과 모든 약한 것을 고치시니"(마 4:23).

예수님은 하나님의 뜻을 이루는 것이 곧 하나님을 영화롭게 해 드리는 것임을 알고 계셨기에 그 일을 충성스럽게 마치셨다. "아버지께서 내게 하라고 주신 일을 내가 이루어 아버지를 이 세상에서 영화롭게 하였사오니"(요 17:4).

섬김의 자세가 있을 때만이 자신이 지켜야 할 사명의 자리를 지킬 수 있다. 성도들은 하나님께서 하도록 하신 일을 끝까지 행해야 함을 명심해야 한다.

사명의식을 가지면 생명을 바치는 일까지도 두려워하지 않게 된다. 예수님의 제자들은 영혼을 구원하기 위해 하나밖에 없는 자신의 생명까지도 바쳤다. 주님께서 주신 사명과 섬김은 뗄 수 없는 불가분의 관계에 있다.

겸손

몸속의 모든 지체는 자기를 자랑하거나 드러내지 않고 다른 지체를 인정한다. 그리고 다른 지체를 세워 준다. 이는 다른 지체의 조화와 연합이 곧 자신에게 유익할 뿐 아니라 몸이 건강하게 되는 길임을 알기 때문이다.

지체에게 가장 요구되는 자세는 겸손이다. 자신을 위할 때 나타나는 허영과 위선이 없다. 자신보다 다른 지체를 낮게 여기는 정신으로 똘똘 뭉쳐 있는 것이다. 사도 바울은 빌립보서 2장 3절에서 이 사실을 강조하고 있다. "아무 일에든지 다툼이나 허영으로 하지 말고 오직 겸손한 마음으로 각각 자기보다 남을 낫게 여기고."

교회에서 한결같이 섬김의 삶을 사는 자들의 공통점은 겸손하다는 것이다. 이들은 섬김을 통해 주어지는 축복을 알기에 높아지려고 하지도 않고 과장하지도 않는다. 자신에게 맡겨진 일에 묵묵히 최선을 다하는 종의 도를 실천하는 사람으로 하나님과의 관계가 분명하게 정립된 사람이다.

사도 바울이 다메섹에서 회심한 후 자신을 "죄인 중에 괴수"라고 고백했다. 그리고 자신이 자랑하던 모든 것들을 배설물로 여겼다고 했다. 그리고 자신을 불러 주신 것에 감사해서 다른 사람들보다 더 많이 수고했다고 고백했다. 복음을 전하기 위해 수많은 매를 맞기도 하고 죽음의 위기에서 도망을 치기도 했다. 그는 끝까지 최선을 다해 섬겼고 사도 바울의 섬김의 결과는 엄청났다. 바울의 3차 여행으로 거둔 성과는 누구도 이룰 수 없는 것이었다. 바울은 로마시민, 가말리엘 문하생, 예루살렘에서 율법의 엄한 교육을 받은 엘리트 유대인이었지만 십자가의 사랑으로 섬김의 사람이 된 후 모든 것을 버렸다. 그는 이렇게 종의 삶을 살았기에 엄청난 열매를 맺은 것이다.

섬김과 겸손은 쌍둥이와 같다. 겸손한 자가 섬기게 된다. 섬김의 정신을 가진 자는 끝까지 겸손을 유지한다. 언제나 다른 지체를 위해 최선을 다한다. 식도는 매일 음식을 받아들이지만 불평하지 않는다. 그리고 다른 지체에게 자신의 일을 미루지 않는다. 믿음의 사람들은 한결같이 겸손했다. 겸손한 자는 끝까지 쓰임 받았지만 교만한 자는 중도에 탈락하고 말았다.

하나님 나라는 섬김의 삶을 산 겸손한 사람들에 의해 확장되어져 갔다. 세례 요한은 예수님의 오실 길을 예비하며 자신의 사역을 잘 감당했다. 그리고 그는 이렇게 외쳤다. "그는 흥하여야 하겠고 나는 쇠하여야 하리라 하니라"(요 3:30). 겸손하게 섬기는 자들에 의해 하나님 나라가 확장되고 하나님의 뜻이 이루어진다. 섬김의 삶을 사는 겸손한 자들은 주님께서 높이신다. "주 앞에서 낮추라 그리하면 주께서 너희를 높이시리라"(약 4:10).

하나님은 교만한 모습을 그대로 두고 사용하지 않으신다. 교만한 자를 겸손하게 훈련시켜 사용하신다. 모세는 광야에서 40년 동안 훈련을 받았다. 왕궁에서 높은 자리에 앉고 자기의 생각과 고집대로 살았다. 혈기 왕성하였고 자기 생각대로 되지 않으면 사람도 죽일 만큼 교만했다. 그러나 광야생활 40년 동안 손님으로 살면서 철저하게 낮아졌다. 하나님은 교만한 자를 대적하시고 물리치신다. 사람이 실패하는 것은 교만 때문이다. 자기의 생각과 자기주장대로 행하는 사람은 하나님께 쓰임 받을 수 없다. 성 어거스틴에게 가장 중요한 것 세 가지를 물었을 때, 첫째도 겸손, 둘째도 겸손, 셋째도 겸손이라고 했다.

평택대광교회의 한 자매는 15년 정도 대예배당 청소를 하고 있다. 15년이란 세월 동안 예배당 건축을 세 번이나 했는데 그럼에도 한결같이 섬기고 있다. 삼십 대에 시작한 섬김이 사십 대를 지나 오십을 바라보고 있다. 오래 섬기다 보면 지겨울 수도 있고, 이제 좀 더 쉽고 폼나는 섬김의 자리로 옮기고 싶은 유혹도 받을 수 있다. 그러나 처음과 같은 자세로 섬기고 있다. 겸손하지 않으면 한결같이 섬길 수 없다.

겸손한 자세를 끝까지 유지하는 것은 축복이다. 하나님은 겸손한 자를 사용하시기 때문이다. 겸손한 자는 사람들만 좋아하는 것이 아니라 하나님께서 끔찍하게 사랑하신다. 겸손한 자는 존귀하게 된다. 겸손한 자에게 하나님은 온갖 좋은 것을 주신다. "겸손과 여호와를 경외함의 보상은 재물과 영광과 생명이니라"(잠 22:4).

겸손에 대한 축복 때문에 성경에서는 겸손할 것을 명령하고 있다. 골로새서 3장 12절에서는 "그러므로 너희는 하나님이 택하사 거룩하고 사랑받는 자처럼 긍휼과 자비와 겸손과 온유와 오래 참음을 옷 입고"라고 말씀하고 있다. 믿음의 사람들 가운데 하나님께 쓰임 받은 사람들은 겸손한 사람들이었다. 하나님과의 관계에서 겸손한 자들은 이 땅에서도 겸손의 향기를 나타낸다. 아브라함(창 18:32), 야곱(창 2:10), 모세(출 3:11), 여호수아(수 7:6), 예레미야(렘 1:6), 다니엘(단 2:30) 모두 겸손한 사람들이었다. 더욱이 우리의 영원한 모델이신 예수님께서 겸손하신 분이었다.

예수님께서는 겸손의 모범을 몸소 보이셨다. 겉옷을 벗고 수건을 허리에 두르시고 대야에 물을 담아 제자들의 발을 씻기신 예수님의 모습을 보며 제자들은 평생 주님의 모습과 사랑의 손길을 마음에 새기고 사역했을 것이다.

겸손한 사람은 오직 하나님의 뜻을 이루기 위해 노력한다. 이런 마음 때문에 자신에게 주어진 일을 할 때 유혹받지 않고 맡겨진 일에 최선을 다하는 것이다. 섬김의 정신은 겸손의 정신이다. 겸손은 섬김을 끝까지 유지시킨다. 끝까지 겸손하자. 그것이 마지막까지 주님을 섬길 수 있는 무기다.

순종

뇌세포는 몸속의 세포를 향해 끊임없이 지시한다. 그리고 그

지시에 따라 세포는 활동한다. 다른 세포를 돕거나 외부로부터 바이러스가 침입하는 것을 억제한다. 그러나 뇌의 지시를 받지 않는 암세포는 모든 세포를 파괴할 뿐 아니라 몸까지도 죽인다.

정상적인 세포의 모든 활동은 결국 몸을 건강하게 한다. 이처럼 교회의 머리 되신 주님의 명령에 순종하는 지체는 다른 지체를 섬기게 된다. 그리고 나아가 몸을 건강하게 한다. 정상적인 지체라면 머리의 지시에 순종한다. 적당하게 순종하지 않고 온전하게 순종한다. 교회의 건강도는 다양한 프로그램이 아니라 성도들의 순종지수에 따라 결정된다. 오랫동안 교회를 다녀도 순종하지 않고 자신의 욕심을 채우기에 급급하거나 자신의 복만을 추구하는 신앙이라면 주님의 뜻과는 무관한 기복적인 신앙에 불과할 뿐이다.

순종은 다른 지체에게 도움을 준다. 부모의 순종은 자녀를 복된 자녀가 되도록 한다. 그리고 왕의 순종은 모든 백성을 평안과 번영으로 이끈다. 교회 지도자의 순종은 좋은 교회가 되는 지름길이다. 하나님의 말씀에 순종하는 영향력은 전염된다. 거룩한 영향력으로 파장을 계속 이어간다.

교회에서 소그룹 순모임을 이끄는 순장의 영성은 곧 바로 순원들에게 전달된다. 새벽예배를 잘 나오는 순장은 순원들까지 새벽예배에 잘 나오게 한다. 물질 섬기기를 즐겨하는 순장은 순원들이 보고 배운다. 그러나 불순종은 자신뿐 아니라 공동체에도 아픔과 좌절감을 안겨 준다. 아간의 탐욕으로 이스라엘 군대가 아이성에서 패배하여 백성들의 마음이 녹아 물같이 되지 않았는가?(수 7:1~5)

순종의 삶을 살 때 다른 지체를 사랑하고 섬기는 결과가 나타난다. 하나님 말씀에 순종하는 것 자체가 자신의 유익을 넘어 공동체를 건강하게 하는 것이다.

지체 의식

몸은 어느 한 부분만으로 건강해 질 수 없다. 모든 지체가 제 역할을 다할 때 건강한 몸이 되는 것이다. 그리스도의 몸인 교회에 서로 특별하거나 유력하게 주목을 받는 지체는 없다. 모든 지체가 다 중요하기 때문이다.

신앙생활을 독불장군식으로 하거나 다른 사람을 무시하는 교만한 모습을 보인다면 이는 굉장히 어리석은 행동이라고 할 수 있다. 지금 현재 내가 존재하기까지는 많은 사람의 사랑과 섬김이 있었기 때문이다.

평택대광교회 예배당은 언제나 깨끗하다. 처음 교회에 나온 어떤 자매는 예배당이 항상 깨끗해서 청소 용역을 주는 것으로 알았다고 한다. 동역자들의 충성된 섬김의 결과다.

사람들에게 드러나지 않아도 하나님은 다 알고 계신다. 성경에는 단지 이름만 기록된 동역자들도 많다. 무슨 일을 했는지 구체적인 기록이 없는 자들 말이다. "주 안에서 수고한 드루배나와 드루보사에게 문안하라 주 안에서 많이 수고하고 사랑하는 버시에게 문안하라"(롬 16:12). 드루배나와 드루보사 그리고 버시에 대한 구체적인 내용은 없다. 단지 '주 안에서 수고한' '주 안에서 많이 수고한'이란 기록밖에 없다.

몸속에 있는 수많은 지체 가운데 숨겨져 있지만 각자의 역할을 잘 감당하고 있는 바로 이런 섬김의 사람들 때문에 하나님의 나라가 확장되어 가는 것이다. 그러나 이름이 기록되지 않은 자도 있다. 고린도후서 8장 18절에 기록된 형제다. "또 그와 함께 그 형제를 보내었으니 이 사람은 복음으로써 모든 교회에서 칭찬을 받는 자요." 이름 없이 섬겼지만 이들의 섬김을 하나님께서 세밀하게 기록하셨을 것이다.

지체는 혼자 존재할 수 없다. 서로 다른 지체와 연합하고 서로 섬기지 못하면 제 역할을 할 수 없기 때문이다. 그러므로 성도들은 다른 지체를 귀하게 여기고 사랑해야 한다.

> 마지막으로 말하노니 너희가 다 마음을 같이하여 동정하며 형제를 사랑하며 불쌍히 여기며 겸손하며 (벧전 3:8).

이 사실을 알게 되면 다른 지체를 위해 기도를 하지 않을 수 없다. 누군가 지금 나 자신도 기도하지 않는 내용을 가지고 기도하고 있을지도 모른다.

남자들은 머리카락이 빠지는 것에 민감하다. 나 역시 머리숱이 적어 샴푸를 가려 사용한다. 우리 교회 형제들 중에는 7~8년 전에는 머리숱이 나와 비슷했는데, 지금은 심각한 상태인 형제들이 꽤 있다. 그런데 나는 머리카락이 예전과 별 차이가 없는 것을 보며 관리를 잘했기 때문이라고만 생각했다. 그런데 얼마 전 아버지로부터 놀라운 이야기를 들었다. 새벽 3시 반부터 7시까지 기도를 하시는데 여러 기도 내용 중에 목회자는 외모도 중요하다고 하시면서 내 머리카락이 빠지지 않도록 기도하신다는 것이었다. 나는 지금껏 머리카락을 위해 기도한 적이 없다. 그런데 아버지는 아들의 외모까지도 생각하시고 기도하셨던 것이다. 지금도 누군가 당신을 위해 기도

하고 있다. 하나님께서는 그 기도를 듣고 일하신다.

다른 지체를 섬길 때 효과가 극대화되고 건강한 교회를 이루어 복음 전파에 최선을 다할 수 있게 된다.

5장
섬기는 공동체 교회

이와 같이 너희도 명령받은 것을 다 행한 후에 이르기를
우리는 무익한 종이라 우리가 하여야 할 일을 한 것뿐이라
할지니라
● 누가복음 17장 10절

하나님께서는 우리를 통해 일하시기 위해 우리를 이곳으로 부르셨다. 이 땅에 구원의 뜻을 이루시기 위해 성도들과 교회에게 사명을 주신 것이다. 주신 사명을 잘 감당하기 위해 가장 중요한 것은, 부름 받았다는 확신과 섬김의 정신이다. 하나님은 죄악으로부터 세상을 다시 살리시기 위해 노아를 부르셨다. 그리고 하나님의 백성을 구원하기 위해 모세를 부르셨다. 그 외에 자신이 부름 받았다는 사실을 깨달은 자들은 자신의 자리에서 최선을 다해 섬겼다. 그러나 그들에게는 힘든 훈련과 아픔의 시간도 있었다. 하나님은 우리를 부르시고 열매 맺게 하신다. 다른 사람이 아니라 바로 나 자신과 내가 속한 공동체 교회가 부름 받았음을 확신해야 한다.

제자훈련과 섬김

영적으로 미성숙한 자에게 일을 시킬 때는 참으로 조심스럽다. 이들은 섬김에 대한 대가가 눈에 보이지 않으면 서운해하고 불평할 뿐 아니라 교회를 떠나기도 한다. 그리고 작은 섬김이나 잠깐 동안의 섬김도 자신이 한 일에 대해서는 그 가치를 엄청나게 크게 생각한다. 믿음의 사람들, 특히 오랫동안 섬겨도 소리 없이 묵묵히 섬기는 자들과 대조를 이룬다.

특히 마음이 앞서서 봉사를 했지만 봉사한 후에 지체들의 말과 행동에 상처를 받는 사람들이 많다. 영적으로 성숙하면 문제가 생겨도 이해하게 되지만 그렇지 못하면 판단과 비판을 일삼게 되고 원망을 하기 때문이다.

영적인 어린아이는 섬겨도 불안하다. 이런 자들은 오히려 섬김을 받아야 한다. 만약 교회가 영적 어린아이들만 있다면 목회자는 그들을 뒤치다꺼리하는 데 시간과 힘을 다 빼앗길 수밖에 없을 것이다.

예수님께서 제자훈련을 시키신 후에 제자들에게 사역을 위임하시고 파송하신 이유는 이 같은 맥락에서 이해해야 할 것이다. 예수님은 3년 동안 제자들에게 섬김의 모범을 보이셨다. 그리고 가르침과 현장 훈련을 통해 제자들에게 강한 훈련을 시키셨다. 제자들은 예수님께 배우고 훈련되어 예수님의 길을 따랐다. 예수님의 삶과 인격을 본받았고 복음의 열정으로 무장되어 증인이 되었다. 그리고 그들은 종의 자세로 세상을 향해 나갔던 것이다.

제자훈련은 단지 성경을 지식적으로 공부하는 훈련이 아니다. 삶의 현장에서 말씀을 행하는 입체적인 훈련이다. 하나님 말씀대로 행하다 보면 변화되고 회복되며 치료받게 된다. 자신의 문제뿐 아니라 배우자와 자녀 문제 등 많은 부분에서 하나님의 일하심을 경험하게 된다.

인간관계에서 여러 가지 문제가 있을 때 제자훈련을 통한 섬김으로 문제가 해결되는 것을 많이 보았다. 배우자와의 관계에서부터 성도들과의 관계까지 섬김의 정신을 가지면 문제될 것이 없다는 사실을 제자훈련을 통해서 깨닫게 되었다. 이는 주님께서 이 땅에서 섬김으로 모든 사역을 행하시고 하나님의 뜻을 이루셨기 때문이다. 제자훈련을 하기 전에는 자매들이 교회에서 식사 봉사를 하면 시끄러웠고 봉사가 끝난 후에는 항상 후유증이 남았다. 그러나 제자훈련을 한 후에는 모두 묵묵히 자신에게 맡겨진 일을 기쁨으로 섬기고 있다.

제자훈련은 섬기는 훈련이다. 단지 직분자를 세우기 위한 과정이 아니다. 뼛속까지 섬김의 세포가 자리 잡아 섬김의 사람으로 세워지는 훈련이다. 예수님의 섬김의 정신으로 무장한 제자들은 복음을 들고 모든 민족에게 나아가 자신의 생명까지 아끼지 않고 죽기까지 섬겼다. 교회 안에 제자들이 많아질 때, 교회가 섬기는 공동체로서의 역할을 잘 감당할 수 있다. 제자훈련은 선택사항이 아니다. 모든 교회가 해야 할 본질적인 사역이다. 제자훈련은 주님께서 원하시는 교회의 역할을 잘 감당할 수 있게 하며 섬기는 정신을 가진 교회 체질로 바꾸어 준다. 물론 제자훈련을 하지 않고도 섬길 수 있다. 그러나 제자훈련은 교회를 바로 알고 교회를 섬길 수 있도록 영적인 분별력과 성숙한 그리스도인이 되도록 해 준다.

  제자훈련을 시작하기 전의 일이다. 한 집사가 있었는데 새로 등록하는 교인을 자기 집으로 초대하여 식사를 대접하였다. 이 집사는 섬기는 것을 좋아했다. 정성껏 섬기는 모습에 감동한 사람들이 많았다. 나중에는 매주 몇 번씩 식사하다보니 새로 등록한 교인이나 성도들이 교회보다 그 집에서 식사하는 것을 더 좋아했다. 그 집사 집의 모임은 정례화된 모임처럼 사람들이 모였다. 그러나 그 모임은 영적인 모임이 되지 못했다. 그저 함께 식사하는 교제 모임 수준이었다. 문제는 그 집사의 영적인 상태에 따라 참여하는 자들이 영향을 받기 시작한 것이다. 제자훈련을 처음 시작할 때 가장 힘든 사람들이 바로 그 모임에 참여한 사람들이었다. 방관자가 되거나 비판

자가 되어 버린 것이다. 말씀 안에서 훈련받지 않고 그저 자신이 좋아서 섬기는 것은 교회에 유익을 주지 못한다.

주님께서 제자훈련을 하시고, 제자훈련을 명령하신 이유는 바로 교회가 건강하게 되어 이 땅에 복음을 전파하기 위함이었다. 제자훈련을 받은 제자들의 올바른 섬김이 주님의 사역을 계승한 것이다. 주님의 뜻을 분별하여 하나님의 의를 드러내는 섬김의 사람이 바로 주님의 제자다. 이들을 통해 이 땅에 하나님의 뜻이 이루어질 것이다.

예배와 섬김

진정한 섬김은 하나님과의 관계에서부터 시작된다. 먼저 하나님을 살아 계신 하나님으로 인정해야 한다. 에녹은 보이지 않는 하나님을 보았고 함께하심을 느꼈기에 그분과 진실한 교제를 나누며 살았다. 매일 눈으로 보는 자연보다 더 가까이 계시는 하나님과 동행하는 삶을 살았던 것이다(창 5:24). 하나님의 살아 계심을 인식할 때 하나님 말씀 앞에 엎드리게 되고 그분의 말씀에 주목한다. 아브라함이 하나님 앞에 엎드린 것처럼 말이다(창 17:3).

하나님의 살아 계심을 인정하는 자는 바른 예배자가 되어 그때부터 하나님의 놀라우신 사랑을 경험하게 된다. 예배를 통해 살아 계신 하나님을 만난다. 그리고 자신의 모습을 발견하고 회개를 통해 사죄의 은총을 힘입고 하나님의 뜻을 행하는 섬김의 사람이 된다. 진정한 예배자는 생활 속에서도 섬김의 자세를 유지하는 것이다. 신약성경에 예배는 '라트레이아'라고 하는데, 이 말의 동사는 '라트레워오'로 본래의 뜻은 '섬긴다'(to serve)라는 뜻이다. 하나님께 드리는 예배와 섬김의 삶은 별개일 수 없다는 뜻이다. 이뿐 아니라 예배를 헬라어로 '레이투루기아'라고 하는데, 이는 '봉사'라는 뜻이다. 어원적으로 국가와 백성에 대해 봉사한다는 서비스(service)와 관련이 있다. 영어에서는 주일예배를 'Sunday service'라고 한다. 또한 예배는 산 제물(living sacrifice)을 드리는 것이다. 산 제물은 헬라어 '로기크스 라트레이아'인데 새롭게 변화된 생활을 드린다는 뜻이다.

오늘날 예배를 자기 상황에 맞게 드리고 소홀하게 여기는 경향이 있다. 예배의 목적은 하나님께 영광을 돌려드리는 것이다. 예배를 통해 축복을 받는 것은 하나님의 영광을 위한 수단일 뿐이다. 그러므로 예배가 자신에게 집중되어서는 안 된다. 예배드리는 것을 생명처럼 여기는 자세를 가져야 한다.

진정한 예배자들이 섬김의 사람이 되어 이 땅을 변화시켜 하나님께 영광을 돌리게 되는 것이다. 어려서부터 예배의 삶을 가르쳤던 록펠러 어머니 엘리자의 가르침은 미국 역사상 최고의 부자가 된 록펠러를 가장 영향력 있는 봉사자로 만들었다는 것을 우리는 잘 알고 있다. 진정한 예배자가 이 세상을 변화시킬 섬김의 사람이 될 수 있는 것이다.

록펠러의 어머니 엘리자의 가르침
1. 하나님을 친아버지로 섬기라.
2. 목사님을 하나님 다음으로 섬기라.
3. 오른쪽 주머니에는 항상 십일조를 준비하라.
4. 누구도 원수로 만들지 말라.
5. 예배할 때는 항상 맨 앞자리에 앉으라.
6. 항상 아침에는 그날의 목표를 세우고 하나님 앞에 기도하라.
7. 잠들기 전에 반드시 하루를 반성하고 기도하라.
8. 남을 도울 수 있으면 힘껏 도우라.
9. 주일 예배는 꼭 본 교회에 가서 드리라.
10. 아침에는 가장 먼저 하나님의 말씀을 읽으라.

전도와 섬김

우리 주님은 죄인인 우리를 구원하시기 위해 자신의 생명을 십자가에 못 박으셨다. 그리고 부활하셨다. 한 영혼이 구원받기 위해서는 자신의 생명까지 포기하신 주님의 섬김이 필요했다. 십자가에 죽으심으로 우리가 구원 받은 것이다. 그러므로 전도하려면 최고의 섬김이 있어야 한다. 오랜 시간 기도하고 섬겨야 한다. 어떤 때는 시간을 내서 교제해야 하고, 물질을 투자해야 한다. 그리고 주님의 사랑을 보여 주어야 한다. 십자가를 통과해야 부활이 있듯이, 전도는 섬김을 기초로 한다. 전도하다 보면 모욕과 수치를 당하기도 한다. 그래서 전도할 때 낮아지고 희생하지 않으면 열매를 맺을 수 없다.

개척 초기라고 할 수 있는 1990년 초, 전도되어 온 두서너 명의 사람들과 함께 새가족반(지금은 해피타임으로 바뀜)에서 공부를 했다. 대개 자매들로, 아침 10시에 시작해서 점심으로 라면이나 칼국수를 먹고 오후 3시 정도까지 공부를 했다. 먼저 새가족반을 수료한 자매들이나 전도한 자매들이 거의 하루 종일 대상자 아이들을 돌봐야 했다. 아이들 중에는 처음부터 끝까지 우는 아이들도 있었는데 5주 과정이 마칠 때까지 우는 것을 달래느라 아이를 등에 업고 동네 곳곳을 다니는 일도 많았다. 새가족반에 참석한 어떤 자매는 말씀에 대한 경계심을 가지고 결코 세뇌되지 않을 것이라고 굳게 다짐했다고 하는데, 지금 순장이 되어 열심히 섬기고 있다. 요즘 새가족반은 1시간 10분~20분 정도 하고 있다. 그때를 뒤돌아보면 지금은 상상할 수 없는 일이다. 그때 함께 공부한 자매들 가운데 지금 쉰을 바라보는 순장들도 있고, 예순이 넘은 순장도 있다. 이들은 새가족반에서 예수님을 영접한 후에 정말 열심히 전도했다. 그리고 남편의 핍박 속에서도 열심히 교회를 섬겼다. 물론 지금은 남편 대다수가 함께 신앙생활을 잘하고 있다. 이들은 평택대광교회의 산 증인이다. 섬김의 씨앗을 뿌리면 언제나 풍성한 열매를 거두게 된다.

성도들에게 전도는 축복이요 특권이다. 가장 가치 있는 일이기 때문이다. 전도를 열심히 하는 자들을 보면 한결같이 겸손하며 섬기는 것에 익숙하다.

전도에 대한 하나님의 의지는 너무나 강하고 확실하다. 누가복음 14장 23절에 "주인이 종에게 이르되 길과 산울타리 가로 나가서 사람을 강권하여 데려다가 내 집을 채우라"는 말씀이 있다. 강권해서라도 채우라는 말씀을 보면 적극적인 자세로 초청해서 데려오라는 강한 의지를 엿볼 수 있다. 데려오지 않고는 버틸 수 없을 정도로 강한 표현이다. 하나님은 모든 영혼이 천국 잔치에 참여하기를 간절히 원하신다. 또한 '채우라'는 것은 계속해서 데려오는 것을 멈추지 말라는 뜻으로, 잔치의 자리가 찰 때까지 끊임없이 전도하라는 것이다. 신실한 종들은 하나님의 잔치에 사람이 찰 때까지 계속 초청했다. 종들은 쉴 틈 없이 몰아붙이는 주인의 뜻에 따라 다시 시내 거리와 골목으로 나갔다. "종이 돌아와 주인에게 그대로 고하니 이에 집주인이 노하여 그 종에게 이르되 빨리 시내의 거리와 골목으로 나가서 가난한 자들과 몸 불편한 자들과 맹인들과 저는 자들을 데려오라 하니라"(눅 14:21).

하늘 잔치에 사람들을 초청하는 것은 가장 가치 있는 사역이다. 이 땅에 전도보다 가치 있고 고귀한 일은 없다. 하나님의 최대 프로젝트가 사람들을 천국 잔치에 초청하는 것이다. 주님은 제자들을 통해서 끊임없이 초청하고 계신다. "너는 말씀을 전파하라 때를 얻든지 못 얻든지 항상 힘쓰라"(딤후 4:2). 전도는 가장 중요한 일이기에 핑계를 대며 미룰 수 없다. 가장 중요한 사역인 전도자의 역할을 잘 감당한 자들에게 가장 큰 상급을 약속하고 있다. "지혜 있는 자는 궁창의 빛과 같이 빛날 것이요 많은 사람을 옳은 데로 돌아오게 한 자는 별과 같이 영원토록 빛나리라"(단 12:3). 전도자는 영원한 스타가 되고 으뜸이 될 것이다. 그리고 복음을 위해 생애를 바친 바울이 받았던 것과 같이 의의 면류관을 받게 될 것이다. "이제 후로는 나를 위하여 의의 면류관이 예비되었으므로 주 곧 의로우신 재판장이 그날에 내게 주실 것이며 내게만 아니라 주의 나타나심을 사모하는 모든 자에게도니라"(딤후 4:8). 우리는 이렇게 전도할 수 있는 특권을 주신 하나님께 감사해야 할 것이다.

중보기도와 섬김

간혹 열심히 기도하는 사람 가운데 문제가 있는 성도를 본다. 이런 자들은 새벽기도회를 비롯해서 금요기도회까지 모든 기도회에 빠지지 않는다. 기도를 열심히 하는 것은 좋은 일이다. 그러나 매일 자신과 자신의 가족 기도만 한다면 결코 좋은 성도라고 할 수 없다. 섬김의 사람이 되면 기도의 폭이 넓어진다. 국가와 민족을 위해, 교회와 사역, 이웃과 다른 지체를 위해 기도한다.

섬김의 정신을 가진 자들은 주님을 사랑한다. 이들은 주님의 뜻을 이루기 위해 노력한다. 섬김의 정신을 가진 중보기도자들은 교회가 하나님의 뜻을 이루는 일에 전심전력한다. 교회의 문제를 내 문제처럼 품에 안고 기도한다. 만약 섬기는 삶을 살면서 기도하지 않는다면 하나님의 도우심보다 자신의 힘을 의지하는 사람이라고 할 수 있을 것이다. 교회는 영적인 전쟁 중에 있다. 마귀가 쉬지 않고 틈을 보고 교회와 성도들을 공격한다. 중보기도야말로 영적 전쟁에서 이길 수 있는 강력한 무기라고 할 수 있다.

하나님께서는 중보기도의 특권을 교회에게 주셨다. 성도들은 중보기도 사역에 누구나 참여할 수 있다. 중보기도의 영역은 가까운 지체에서부터 나라와 민족, 세계를 향해 나아가게 된다. 디모데전서 2장 1~2절에서 중보기도 사역에 대해 살펴볼 수 있다. "그러므로 내가 첫째로 권하노니 모든 사람을 위하여 간구와 기도와 도고와 감사를 하되 임금들과 높은 지위에 있는 모든 사람을 위하여 하라 이는 우리가 모든 경건과 단정함으로 고요하고 평안한 생활을 하려 함이라." 교회의 모든 사역자와 사역이 기도의 후원을 받을 수 있다면 힘 있게 사역할 수 있을 것이다.

역사를 통해 많은 사람들이 설교자와 동역자가 되어 기도했다는 사실을 쉽게 발견할 수 있다. 천국에 있는 기록을 제외하고라도 최근의 몇몇 유명한 사람들의 예를 살펴보자.

1830년대 찰스 피니 목사는 기도 동역자 아벨 클레리에 대해 이렇게 말했다. "클레리 씨는 내가 기도를 마치고 일어나야 비로소 일어날 정도로 날 위해 계속해서 기도해 주었다. 그는 결코 대중들 앞에 선 적은 없었지만 기도에 전력한 사람이었다." 그의 기도의 결과로 만 명이 거주하던 도시에서 일천 명의 사람들이 주님께 돌아왔다.

D. L. 무디 목사의 기도 동역자는 런던에 거주하는 메리앤 에들러드라는 소녀였다. 소녀는 병으로 항상 누워 있어야 하는 상황이었지만, 시카고에서 사역하고 있는 무디 목사님에 관한 소식을 들은 후 자기네 영국 교회로 목사님이 오게 해 달라고 간절히 기도했고, 그 결과 열흘 만에 사백 명의 새로운 개종자가 생겼다(존 맥스웰의 『기도 동역자』 참고). 이처럼 설교하는 목사에게 기도해 주는 중보기도자는 중요하다. 존 맥스웰 목사는 그를 위해 기도하는 중보기도자가 백 명이 있었다고 한다. 사도 바울도 자신을 위해 기도를 부탁했다.

> 형제들아 내가 우리 주 예수 그리스도와 성령의 사랑으로 말미암아 너희를 권하노니 너희 기도에 나와 힘을 같이하여 나를 위하여 하나님께 빌어(롬 15:30).

너희도 우리를 위하여 간구함으로 도우라 이는 우리가 많은 사람의 기도로 얻은 은사로 말미암아 많은 사람이 우리를 위하여 감사하게 하려 함이라(고후 1:11).

형제들아 우리를 위하여 기도하라(살전 5:25).

사도 바울 뒤에는 든든한 중보기도자들이 있었고, 바울의 사역의 열매는 그들이 있었기 때문에 가능했던 것이다.

중보기도 섬기미들 때문에 평택대광교회는 여러 가지 은혜를 누렸다고 말할 수 있다. 매년 120~140명의 중보기도 섬기미들이 한 주에 한 번, 한 시간씩 나라와 민족을 위해 교회와 사역, 목사와 지체들을 위해 기도한다.

특히 예배당을 건축할 때의 일은 지금도 많은 성도들에게 기도의 능력을 경험했던 기억으로 남아 있다. 예배당 공사가 시작되고 터파기 공사가 끝날 무렵 장마가 시작되었다. 육백 평이 넘는 본당이 지하에 있었기 때문에 장마철에 퍼 올릴 빗물이 걱정거리 중 하나였다. 중보기도 섬기미들과 전 교인들은 예배당 건축이 차질 없이 진행되도록 합심해서 기도했다. 이웃 교회 중보기도팀에게도 기도를 부탁했다. 직분자들 가운데서는 매일 새벽 예배를 마치고 건축 현장을 찾아 기도하는 이들도 있었다. 다행히 2001년은 장마철이 끝나도록 비가 오지 않았다. 장마기간에 가뭄이 든 것이다. 홍수를 걱정했는데 오히려 그 해는 전국적으로 가뭄이 들어 아무런 문제없이 공사를 마칠 수 있었다. 그리고 계획보다 빨리 진행되어 계약기간 1년 6개월이 되기 전인 1년 3개월 만에 공사가 끝났다. 이랜드개발의 본부장은 지금까지 계약 기간 전에 공사를 끝내기는 처음이라고 기뻐하였다. 빨리 진행되는 관계로 공사 대금 지불 기간이 빨리 다가와 힘들었지만 하나님의 도우심에 감사하며 모든 성도들과 함께 찬양과 영광을 돌려 드렸다.

중보기도 섬기미들을 통해 누린 은혜를 말하려면 지면이 부족할 정도다. 섬김의 도를 깨닫게 되면 진정으로 하나님 나라의 확장과 주님의 몸 된 교회와 지체를 위해 기도하게 된다. 중보기도로 섬기는 자들이 많을수록 영적 전쟁에서 승리하게 되고, 주님께서 위임하신 사역을 힘 있게 감당하게 된다. 뿐만 아니라, 성도들 역시 기도 응답으로 승전가를 부르는 삶을 살게 될 것이다.

교회 직분과 섬김

에베소서 4장 11~12절에는 하나님께서 직분을 주신 목적이 기록되어 있다. 직분을 주시는 분은 하나님이시다. 직분을 맡은 자들이 조화를 이루어 교회가 교회되도록 해야 한다. 성경에 기록된 사도는 예수님께서 부르신 열한 사도(가룟 유다 제외)와 사도 바울과 바나바 등으로, 이들은 부활하신 주님을 목격하고 복음의 열정을 가진 자들이었다. 선지자들은 하나님의 메시지를 전했으며, 성도들을 권면하고 격려했다. 복음 전하는 자는 오늘날의 선교사들로 불신자들에게 복음을 전하고 교회를 개척했다고 할 수 있다.

목사와 교사는 지역 교회를 섬기는 자로 맡겨진 성도들을 양육하는 일을 맡았다. 이들의 역할은 크게 두 가지였다. 첫째가 성도를 온전하게 하기 위함이었다. 이는 성도들을 바로 세워 맡겨진 직분을 잘 감당할 수 있도록 영적 성장을 위해 노력한 것이다. 두 번째로는 봉사의 일을 하도록 했는데, 성도들이 봉사할 수 있도록 가르치고 양육한 것이다. 이는 바로 섬김의 사람이 되도록 가르치고 모범을 보였기 때문에 가능했을 것이다. 이런 역할은 결국 그리스도의 몸인 교회를 건강하게 만드는 결과를 가져온다. 성도들이 영적으로 성장할 때 섬기는 자가 될 수 있고, 이는 교회가 예수님의 사역을 계승하는 길이 되는 것이다.

교회의 모든 직분을 통해 직분자의 자세가 어떠해야 하는지 살펴볼 수 있다. 오늘날은 교회의 직분을 벼슬이나 감투로 착각하는 경우가 많다. 직분을 통해 권리를 주장하고 자랑하는 것이 아니라, 종의 모습으로 섬겨야 한다.

(1) 장로

장로는 모범적인 삶을 산 믿음의 사람을 말한다. 장로와 관계된 원어인 '프레스뷔테르'라는 말은 '앞서 행하는 사람' '솔선수범하는 사람'이란 뜻이 있다. 장로의 자격에 대해 사도 바울이 디도서에서 다음과 같이 언급하고 있다.

> 내가 너를 그레데에 남겨 둔 이유는 남은 일을 정리하고 내가 명한 대로 각 성에 장로들을 세우게 하려 함이니 책망할 것이 없고 한 아내의 남편이며 방탕하다는 비난을 받거나 불순종하는 일이 없는 믿는 자녀를 둔 자라야 할지라 감독은 하나님의 청지기로서 책망할 것이 없고 제 고집대로 하지 아니하며 급히 분내지 아니하며 술을 즐기지 아니하며 구타하지 아니하며 더

러운 이득을 탐하지 아니하며 오직 나그네를 대접하며 선행을 좋아하며 신중하며 의로우며 거룩하며 절제하며 미쁜 말씀의 가르침을 그대로 지켜야 하리니 이는 능히 바른 교훈으로 권면하고 거슬러 말하는 자들을 책망하게 하려 함이라(딛 1:5~9).

1) 책망할 것이 없는 자(딛 1:6) - 도덕적으로 법률적으로 잘못이 없는 자
2) 한 아내의 남편(딛 1:6) - 배우자에게 충실한 자
3) 방탕하다는 비방을 받거나 불순종하는 일이 없는 믿음의 자녀를 둔 사람(딛 1:6) - 자녀를 신앙으로 잘 지도한 자로 가족 전체가 믿음의 사람인 자
4) 하나님의 청지기로 책망할 것이 없는 자(딛 1:7) - 주인이신 하나님의 뜻대로 맡은 일을 행하는 자
5) 제 고집대로 하지 않는 자(딛 1:7) - 자기 생각과 자기주장만 내세우지 않는 겸손한 자
6) 급히 분내지 아니하는 자(딛 1:7) - 성질이 급하지 않고 온유하고 관대하여 자신의 감정을 조절할 수 있는 자
7) 구타하지 아니하는 자(딛 1:7) - 폭력을 쓰지 않는 자
8) 술을 즐기지 않는 자(딛 1:7) - 술을 가까이 하지 않는 자

9) 더러운 이득을 탐하지 않는 자(딛 1:7) - 부당한 방법으로 자신의 이득을 채우지 않는 자
10) 나그네를 잘 대접하는 자(딛 1:8) - 나그네에게 친절과 호의를 베푸는 자
11) 선행을 좋아하는 자(딛 1:8) - 선을 좋아하는 것은 그 당시의 명예로운 일이었다.
12) 신중한 자(딛 1:8) - 자신의 마음을 적절하게 조절하는 자
13) 의로운 자(딛 1:8) - 사람에 대한 의무를 잘 수행하는 자
14) 거룩한 자(딛 1:8) - 하나님에 대한 의무를 잘 행하는 자
15) 절제하는 자(딛 1:8) - 성령의 인도함을 받아 죄성을 억제하는 자
16) 미쁜 말씀의 가르침을 그대로 지켜 모범을 보이므로 권면과 책망을 할 수 있는 자(딛 1:9) - 하나님 말씀에 철저하게 순종하여 하나님 말씀을 거스리는 자를 잘 인도할 수 있는 자

베드로전서에도 장로의 자격에 대해 이렇게 언급하고 있다.

너희 중 장로들에게 권하노니 나는 함께 장로 된 자요 그리스도

의 고난의 증인이요 나타날 영광에 참여할 자니라 너희 중에 있는 하나님의 양 무리를 치되 억지로 하지 말고 하나님의 뜻을 따라 자원함으로 하며 더러운 이득을 위하여 하지 말고 기꺼이 하며 맡은 자들에게 주장하는 자세를 하지 말고 양 무리의 본이 되라 그리하면 목자장이 나타나실 때에 시들지 아니하는 영광의 관을 얻으리라(벧전 5:1~4).

1) 그리스도의 고난의 증인으로서 역할을 감당하는 자(벧전 5:1) - 복음의 열정이 있는 자
2) 재림의 영광에 참여할 자(벧전 5:1) - 영광의 소망을 가진 자
3) 억지로 하지 말고 하나님의 뜻을 좇아 자원하는 자(벧전 5:2) - 마음이 없이 억지로 하지 않고 하나님의 뜻에 자발적으로 좇아가는 자
4) 더러운 이를 위하여 하지 말고 오직 즐거운 뜻으로 하는 자(벧전 5:2) - 자신의 이익을 구하지 않고 소명감으로 즐겁게 행하는 자
5) 주장하는 자세로 하지 않는 자(벧전 5:3) - 군림하는 자세를 가지지 않는 자
6) 본이 되는 자(벧전 5:3) - 모범을 보이므로 인도하는 자

7) 영광의 면류관에 대한 기대감을 가진 자(벧전 5:4) – 하늘의
영원한 면류관을 기대하는 자

이외에 디모데전서 3장 1~7절에도 기록되어 있는데 이상의 내용과 중복되지 않는 한 가지만 추가하면 아래와 같다.

> 새로 입교한 자도 말지니 교만하여져서 마귀를 정죄하는 그 정죄에 빠질까 함이요(딤전 3:6).

1) 새로 입교한 자는 택하지 말라(딤전 3:6) – 교만할 수 있기 때문이다.

장로의 자격을 살펴보면 종으로서 섬김의 정신이 있어야 직분을 잘 감당할 수 있음을 볼 수 있다. 자기중심적이거나 자신의 이득을 챙기는 사람이 아니라, 앞서 행하므로 모범을 보이고 섬기는 자가 되어야 함을 알 수 있다. 섬김의 정신이 없다면 세상 권세자처럼 군림하고 주장하는 모습을 보일 수밖에 없을 것이다. 섬김의 자세를 끝까지 가지는 장로는 목사와 함께 동역하는 아름다운 믿음의 사람이 될 수 있을 것이다.

한국 교회에 칭송받는 좋은 장로에 대한 이야기는 많이 있다. 그중에 조만식 장로 이야기는 잔잔한 감동을 준다.

예배 시작 전에 늘 신발을 정리하던 조만식 장로였다. 어느 주일날 조 장로가 예배에 참석하려는데 손님이 찾아와서 얘기하다가 그만 예배 시간에 늦고 말았다. 설교하던 주기철 목사는 늦게 들어오는 조 장로에게, "장로님, 오늘은 의자에 앉지 말고 서서 예배를 드리십시오"라고 했다. 주 목사의 스승이기도 한 조 장로는 그대로 순종했다.

설교를 마친 주 목사는 조 장로에게 기도를 부탁했다. "하나님 아버지! 이 죄인을 용서하여 주옵소서. 사람을 만나다가 하나님 만나는 예배 시간에 늦었습니다. 목사님이 얼마나 마음이 아프시면 설교하다 말고 이토록 책망하셨겠습니까? 하나님 종의 마음을 아프게 한 죄를 용서하여 주옵소서. 은혜로운 설교를 듣던 성도들이 은혜 받는 것을 방해한 죄를 용서하여 주옵소서." 조 장로가 눈물로 기도하자, 주 목사와 온 교우들이 함께 울었다고 한다.

모든 직분은 하나님 앞에서 행해야 한다. 하나님께서 주신 직분에 겸손한 마음으로 끝까지 충성할 때 칭찬과 함께 시들지 않는 면류관이 주어질 것이다.

그리하면 목자장이 나타나실 때에 시들지 아니하는 영광의 관을 얻으리라(벧전 5:4).

(2) 집사

집사는 헬라어로 '디아코노스'이며 '식탁이나 다른 천한 일에 시중드는 사람'이라는 뜻이다. 성경에는 하인(요 2:5), 일꾼(고후 11:15) 등으로 번역되었다. 예수님은 이 땅에서 집사직의 모범을 보이셨다(막 10:45). 사도행전 6장에 기록된 일곱 사람은 후대 집사의 모델이다. 스데반은 복음을 전하다가 순교하는 영광을 얻기도 했다. 그리고 빌립 집사 역시 전도자로 유명했다(행 21:8). 초대교회의 일곱 집사를 보면 그 자격을 알 수 있다.

형제들아 너희 가운데서 성령과 지혜가 충만하여 칭찬 받는 사람 일곱을 택하라 우리가 이 일을 그들에게 맡기고 우리는 오로지 기도하는 일과 말씀 사역에 힘쓰리라 하니 온 무리가 이 말을 기뻐하여 믿음과 성령이 충만한 사람 스데반과 또 빌립과 브로고로와 니가노르와 디몬과 바메나와 유대교에 입교했던 안디옥 사람 니골라를 택하여 사도들 앞에 세우니 사도들이 기도하고 그들에게 안수하니라(행 6:3~6).

1) 성령과 지혜가 충만 한 자(행 6:3)
2) 칭찬 듣는 사람(행 6:3)

사도 바울이 디모데전서에서 구체적으로 언급한 집사의 자격을 살펴보면 아래와 같다.

이와 같이 집사들도 정중하고 일구이언을 하지 아니하고 술에 인박히지 아니하고 더러운 이를 탐하지 아니하고 깨끗한 양심에 믿음의 비밀을 가진 자라야 할지니 이에 이 사람들을 먼저 시험하여 보고 그 후에 책망할 것이 없으면 집사의 직분을 맡게 할 것이요(딤전 3:8~10).

1) 정중해야 한다(딤전 3:8) – 자신에 대해 규모 있고 신중한 자로 잘난 체하지 않으므로 존경 받을 수 있는 자
2) 일구이언 하지 않는 자(딤전 3:8) – 말에 대해 신실하고 조심성이 있는 자
3) 술에 인박이지 않은 자(딤전 3:8) – 술 문제에 엄격한 자
4) 더러운 이를 탐하지 않는 자(딤전 3:8) – 부정한 이익을 탐하지 않고 정직한 자

5) 깨끗한 양심을 가진 자(딤전 3:9) – 청결한 마음을 가진 자
6) 믿음의 비밀을 가진 자(딤전 3:9) – 복음의 진리로 주님을 영접하고 하나님 말씀에 순종하여 하나님의 은혜를 경험하는 자
7) 시험해서 책망할 것이 없는 자(딤전 3:10) – 진실하고 말씀대로 사는 자로 직분 감당의 자질이 있는 자

집사는 하나님의 교회를 건강하게 세우는 종의 역할을 잘 감당해야 하기에 그 자격도 세밀하게 살폈던 것이다. '섬긴다'는 말의 헬라원어 '디아코니아'와 똑같은 어원의 '디아코노스'는 '집사'라는 뜻이다. 그 의미가 종이라는 것을 생각해 보면 집사의 여러 가지 자격의 기초가 섬김임을 알 수 있다.

동역과 섬김

섬기는 삶을 사는 사람의 주변에는 동역자가 많다. 섬기는 교회는 섬김의 도를 붙잡고 사는 평신도들이 많다. 이들은 모두 하나님의 뜻을 이 땅에 이루기 위해 동역하게 된다. 그러나 섬김 받기를 원하면 분열과 아픔이 생기고 동역의 기쁨을 맛볼 수 없다.

그리스도의 몸 된 교회의 지체인 성도들은 자신을 위해 일하지 않는다. 다른 지체를 위해서 섬기면서 건강한 교회를 만들어야 한다. 섬김은 곧 자신을 위한 길이다. 섬김의 자세를 가지고 사역할 때 하나님께서 많은 동역자를 붙여 주신다.

사도 바울에게는 많은 동역자가 있었다. 성경에 기록된 동역자만 사십여 명에 이른다. 바울의 동역자들이 맺었던 사역의 열매는 일일이 열거하기조차 어려울 만큼 풍성하다. 섬김의 자세를 가지면 자신의 공로에 대한 관심보다 하나님께 영광 돌리는 것이 목적이 되어 목회자와 함께 힘을 다해 동역하게 된다.

평택대광교회는 각 분야에서 최선을 다해 섬기는 많은 평신도 동역자들이 있다. 이들은 자신이 맡은 일에 최선을 다한다. 하나님 나라의 동역자가 되는 데 특별한 자격은 없다. 빈부귀천 남녀노소 누구나 동역자가 될 수 있다. 문제는 동역의식이다. 직분자들이 동역으로 섬기면 교회 전체가 동역의식으로 섬기는 거룩한 전염병에 걸리게 된다. 초신자도 동역하려고 한다.

사도 바울은 '동역자'라는 말을 즐겨 사용했다. 이는 '함께 일하는 자'라는 뜻이다. 바울의 동역자들은 복음 전파를 위해 동역한 자들이다. 바울의 필요를 채워 주고, 함께 동행하고 함께 기도해 주는 자들이다.

자신의 목적을 위해 함께하는 자들을 동역자라고 부를 수 없다. 하나님의 일에 무관심한 자가 단지 자신의 욕심을 채우기 위해 함께하는 자를 동역자라고 부른다면 이는 주님께서 원하시는 동역자와는 다른 것이다. 성경에 나타난 동역자는 특징이 있다. 먼저 진리를 위해 함께 수고하는 자다(요삼 1:8). 하나님의 나라를 위해 함께 일하는 사람이라는 뜻이다(골 4:11).

동역의식을 가지면 욕심을 내지 않는다. 자신이 맡은 일에 대해 만족하면서 사역한다. 동역의식이 없다면 자신을 드러내고 스타가 되려고 할 것이다. 인기를 먹고 사는 스타들은 열광적인 박수가 없으면 허전함과 고독감을 느끼게 된다. 교회의 사역에 함께 참여하는 모든 지체는 동역자다. 그러므로 어떤 일을 하든지 동역의식을 가지는 것은 너무나 중요하다. 교회에서 보이지 않는 부분에서 섬기는 것은 굉장히 중요하다. 보잘것없어 보이는 어떤 지체도 모두 중요하기 때문이다. 오늘도 주님은 복음 전파를 위해 동역의식을 가진 일꾼을 찾고 계신다는 것을 알아야 한다.

"이에 제자들에게 이르시되 추수할 것은 많되 일꾼이 적으니 그러므로 추수하는 주인에게 청하여 추수할 일꾼들을 보내 주소서 하라 하시니라"(마 9:37~38).

바울의 신실한 동역자가 된 좋은 직분자의 모델

바울과 함께 복음을 전했던 동역자들은 좋은 직분자의 표본이 될 수 있다. 바울은 이들을 침이 마르도록 칭찬했으며 사랑을 가득 담아 애칭으로도 부르고 있다. 이들에게 붙여진 애칭은 사도 바울의 사랑이 컸다는 것을 보여 주지만, 그들이 했던 사역의 내용과 섬김의 모습을 살펴볼 수 있다. 바울의 동역자로 성경에 기록된 자는 사십여 명이 된다. 그중에 비교적 사역에 대해 자세히 알 수 있는 몇 사람에 대해 살펴보도록 하자.

1) 누가

바울이 두 번 로마 감옥에 갇혔을 때 동행한 사람이다. 바울이 '사랑받는 의사'라고 불렀는데, 이방인으로 바울이 감옥에 있는 동안 치료를 담당했을 것이다. 바울의 2차 전도와 3차 전도 여행을 함께했다. 복음 전파에 함께했고, 바울의 약함을 담당하는 사람이었기 때문에 바울이 지극히 사랑한 동역자였다(골 4:14, 몬 1:24).

2) 두기고

아시아 출신으로 바울의 3차 여행에 동행했다. 그는 이방인 교회들이 예루살렘 교회에 보내는 구제금을 가지고 간 일곱 명 중의 한 사람이다. 제 2차 투옥 중에 바울과 함께 있었으며 바울은 두기고에 대해 세 가지 호칭을 사용하고 있다(골 4:7). 이는 두기고를 가장 잘 표현했다고 볼 수 있다(행 20:4; 엡 6:21; 골 4:7; 딤후 4:12; 딛 3:12).

① 사랑을 받은 형제 – 주 안에서 두 사람은 피를 나눈 가족 이상의 관계였음을 알 수 있다.
② 신실한 일꾼 – '일꾼'은 디아코노스이며 섬김의 자세를 가지고 사역했다는 것을 알 수 있다.
③ 주 안에서 함께 된 종 – 주 안에서 같은 목적을 가지고 합심했다는 것을 알 수 있다.

3) 마가

마가는 1차 전도여행 때 바울의 수종자로 동행하였으나 개인적 일로 밤빌리아 버가에서 이탈하여 혼자 예루살렘으로 돌아왔다. 그 후 제 2차 전도여행에서 바나바와 다투고 각각 전도

여행을 간다. 그러나 마가는 성숙한 신앙인이 되었기 때문에 바울이 로마 감옥에 두 번째 투옥되었을 때에 마가를 그리워하면서 디모데에게 데려올 것을 부탁했다. 바울은 마가를 "나의 일에 유익한 자"라고 불렀다. 이는 마가의 신앙이 날로 성숙한 자로 변화되어서 하나님 나라에 유익한 자가 되었음을 나타내고 있는 것이다. 처음보다 나중이 더 좋은 자가 되는 것은 어렵다. 오늘도 주님은 마가 같은 신실한 동역자를 원하시고 계신다(골 4:10~11; 몬 1:24; 딤후 4:11).

4) 뵈뵈

바울이 브리스길라와 아굴라 부부와 함께 세운 고린도 교회로부터 전파된 복음으로 고린도에서 남동쪽 11킬로미터 지점의 겐그레아에 교회가 세워졌다. 뵈뵈는 겐그레아 교회의 충성된 여집사였다. '뵈뵈'란 이름은 '밝다' '빛을 발하다'라는 뜻이다. 뵈뵈는 교회 안에서 좋은 영향력을 끼쳤기에 바울은 로마교회가 뵈뵈를 맞이할 때 "주 안에서 성도들에게 합당한 예절로 영접하라"라고 권면했다. 이는 바울이 뵈뵈를 얼마나 신뢰했는지 알 수 있다. 바울이 사용하는 호칭을 통해서 그 사람의 영적인 모습을 알 수 있다(롬 16:1~2).

① 교회의 일꾼으로 있는 우리 자매 – 그가 섬김의 정신을 가진 사역자였음을 알 수 있다. 당시 여자집사들은 교회에서 고아, 과부, 가난한 자, 병든 자를 돌보았다.
② 여러 사람과 나의 보호자 – 바울과 어려운 지체들을 향해 헌신적으로 도와주며 경제적인 짐을 기꺼이 담당했다. 뵈뵈는 부자로 상당한 영향력을 가진 여성이었을 것으로 짐작해 볼 수 있다.

5) 브리스길라와 아굴라
두 사람은 부부이며 아내의 이름인 브리스길라가 먼저 나온다. 고린도에서 바울을 만나 함께 장막 만드는 일을 하며 복음의 동역자가 되었다. 바울이 에베소로 갈 때 부부가 함께 따라가 복음을 전했으며 이후 아볼로에게 하나님 말씀을 자세히 가르쳐 주었다. 이 부부는 초대교회 사역에 중요한 역할을 감당했다(행 18:1~4, 24~28; 딤후 4:19). 바울이 이들에게 붙여 준 호칭을 중심으로 이들의 사역을 살펴보자(롬 16:3~5).

① 나의 동역자 – 동역자에 해당하는 헬라어 '쉬네르구스'는 '함께 일하는 사람'이란 뜻이다. 바울이 사역에서 열

매를 맺을 수 있었던 것은 동역자들이 함께했기 때문이다. 바울은 그들을 동역자라고 불러 함께한 수고에 대해 격려하며, 하나님의 사역자임을 인정하고 있다. 성도들은 모두 하나님 나라를 위한 동역자임을 알아야 한다.

② 내 목숨을 위하여 자기의 목이라도 내어 놓았나니 – 이들이 품은 복음의 열정이 얼마나 뜨겁고 주님에 대한 사랑이 얼마나 대단했는지 알 수 있다. 여기서 목을 내놓는다는 것은 사형수가 되어 도끼 밑에 자신의 목을 내놓았다는 뜻이다. 희생적인 사역자, 특히 부부가 함께했다는 것이 인상적이다. 부부가 함께 합심해서 복음의 동역자가 되는 것은 가장 이상적인 믿음의 가정으로 모든 성도들이 사모해야 할 것이다.

③ 이방인의 모든 교회가 감사한 자 – 바울이 이들의 섬김을 얼마나 높이 생각하며 감사하는 마음을 가졌는지 알 수 있다.

6) 빌레몬

골로새의 유력한 부자인 빌레몬은, 오네시모의 주인으로 바울에 의해 복음을 듣고 예수님을 믿은 것으로 보인다. 빌레몬은 바울의 에베소 사역을 도왔고 바울 이후의 사역을 계승한 것으로 보인다. 바울은 "우리의 사랑받는 자" 그리고 "형제"라고 호칭하고 있다(몬 1:1, 20).

7) 안드로니고와 유니아

바울의 친척으로 바울과 함께 감옥에 갇혔던 자이며 "사도에게 유명히 여김을 받은 자"라고 불렀다. 이는 다른 사도에게까지 인정을 받았을 뿐 아니라 그의 섬김이 널리 알려졌다는 것을 알 수 있다. 그리고 "나보다 먼저 그리스도 안에 있는 자"라고 한 것은 그들이 일찍 예수님을 믿었으며 겸손하고 헌신적인 모습으로 섬겼기 때문이다. 처음 믿을 때 가졌던 겸손한 모습을 유지하는 것처럼 귀한 모습도 없다. 이런 섬김이 사도들을 감동시켰을 것이다(롬 16:7).

8) 아리스다고

데살로니가 출신으로 이방 교회의 대표자라고 할 수 있다. 에베소에서 바울과 함께 감옥에 갇혔고, 가이사랴에서 로마로 항해할 때, 누가와 함께 동행했다. 고난에 동참할 수 있었던 믿음과 의리를 함께 가진 사람으로 복음 전파에 적극적인 자였다. 바울은 "나와 함께 갇힌 아리스다고"라고 부르고 있다(골 4:10). 어려울 때 자리를 지켜 주는 자야말로 신실한 일꾼이라고 할 수 있을 것이다.

9) 유스도라는 예수

바울과 함께한 유대인이면서 그리스도인이었던 사람으로 이방 교회에서 하나님 나라를 위해 열심히 사역했기 때문에 바울에게 위로가 된 자다. 진정한 동역자는 자신의 유익이나 출신에 얽매이지 않고 하나님 나라를 위해 사역한다. 체면과 출신 때문에 우월감에 빠진 자는 하나님 나라의 일꾼으로 부적합하다고 볼 수 있다. 이런 면에서 유스도라는 예수는 바울을 편하게 해 준 동역자였을 것이다(골 4:11). 오늘날은 함께 동역하며 목회자의 마음을 편하게 해 주고 위로가 되는 동역자가 많이 필요한 시대다.

10) 에바브라

에바브라는 골로새 교회의 설립자로 골로새 교회가 건강하게 되도록 힘썼으며 특히 교인들이 성숙해지기를 기도했다. 그의 기도 제목은 두 가지였다. 첫째, 골로새 성도들이 예수 안에서 완전한 자가 되는 것, 둘째 하나님의 모든 뜻 가운데 확신을 가진 자가 되기를 바라는 것이었다. 바울은 에바브라에게 사랑이 담긴 호칭을 사용하고 있다(골 1:7, 4:12; 몬 1:23).

① 우리와 함께 종 된 사랑하는 에바브라(골 1:7) – 복음 전파를 위해 마음을 합한 동역자임을 나타내고 있다.
② 그리스도 예수의 종(골 4:12) – 주님의 뜻에 철저하게 순종하며 사역에 헌신하였다.
③ 나와 함께 갇힌 자(몬 1:23) – 복음을 전하기 위해 바울과 함께 옥에 갇히기도 했다.

11) 에바브로디도
빌립보 사람으로 바울이 감옥에 갇혔을 때 로마 교회 헌금을 로마에 전달하였다. 에바브로디도는 사역으로 인한 과로로 병이 든 것으로 추측하고 있다. 바울은 에바브로디도를 빌립보 교회에 보낸 두 가지 이유를 말하고 있다.

에바브로디도가 빌립보 교회를 사랑하고 보고 싶어 하는 열망이 있었고, 빌립보 성도들이 자기 병에 대해 들은 줄 알고 근심했기 때문이다. 이는 자신의 건강보다 교회를 더 사랑했던 그의 모습을 볼 수 있다(빌 2:26). 바울은 에바브로디도에게 다섯 개의 호칭을 사용해서 신실한 사역자임을 나타내고 있다(빌 2:25, 4:18).

① 나의 형제 – 하나님 가족으로서의 사랑을 나누고 있음을 나타낸다.
② 함께 수고한 자 – 복음을 위해 합심하였다. 특히 빌립보 교회가 세워질 때 바울과 동역했다.
• 함께 군사 된 자 – 복음을 방해하는 대적들의 핍박을 견디고 싸워 이기는 적극적인 군사의 모습을 보여 주었다.
• 너희 사자 – '사자'는 사역을 위해 권위를 부여 받고 파송 받은 자를 나타낸다. '사자'에 해당하는 헬라어 '아포스톨론'은 사도를 나타내기도 한다.
• 나의 쓸 것을 돕는 자 – 자신의 몸과 재능뿐 아니라 물질까지 아낌없이 사용하여 바울의 사역을 도왔다.

12) 오네시모
빌레몬에게서 도망간 종으로 바울을 통해 그리스도인이 되었다. 바울이 두기고와 함께 골로새 교회에 보낼 만큼 신임을 받은 자였다. 미천한 노예 신분이었지만 주님을 섬기는 데는 적극적인 모습을 보인 자였다. 바울의 오네시모에 대한 마음은 호칭을 통해 알 수 있다(골 4:9; 몬 1:10, 12, 16).

① 신실하고 사랑을 받는 형제(골 4:9) – 예수 믿은 후에 신실한 모습으로 한결같이 주님을 섬겼기에 다른 형제들로부터도 사랑을 받았다. 하나님과 관계가 좋으면 자연스럽게 사람과의 관계도 좋아지고 인정을 받게 된다.
② 갇힌 중에 낳은 아들(몬 1:10) – 옥중에서 복음을 전해서 오네시모가 예수님을 영접했다. 바울이 고난 중에 얻은 오네시모에 대한 애착과 사랑을 알 수 있다.
③ 내 심복(몬 1:12) – '심복'을 영어 성경에서는 '마음'(heart)이라고 표현하고 있다. 오네시모가 바울의 마음을 잘 알고 바울의 손발처럼 움직였다는 것을 알 수 있다. 목회자와 함께 복음을 위해 한 마음으로 섬기는 오네시모 같은 자들을 통해 교회는 건강하게 되고 하나님의 복음이 역동적으로 전파될 것이다.

바울은 빌레몬에게 오네시모를 '아들' '심복' '사랑받는 형제'

로 표현하고 있다. 두기고와 함께 바울의 편지를 골로새 교회에 전달하였다.

13) 오네시보로

사람들은 자기에게 도움이 되는 사람을 만나려고 한다. 친구가 어려움에 처하면 친하게 지냈더라도 멀리하려는 경향이 있다. 투옥으로 어려움에 처한 사도 바울을 부지런히 찾아간 오네시보로에 대해 바울은 사랑과 애틋한 마음으로 그의 집을 축복해 주고 있다. 오네시보로는 바울이 로마 감옥에 두 번째 투옥되었을 때 부끄러워하지 않고 정성을 다해 보살펴 주었다. 바울이 필요할 때 곁에서 돕고 힘이 되어 준 것이다. 바울이 어려울 때 외면했던 그리스도인들과 비교되는 의리 있는 그리스도인이라고 할 수 있다.

바울은 오네시보로에 대해 "나를 자주 격려해 주고 내가 사슬에 매인 것을 부끄러워하지 아니하고", "그날에 주의 긍휼을 입게 하여 주옵소서"라고 표현하며 축복하고 있다(딤후 1:16~18). 복음과 고난도 함께 받을 수 있는 자는 그리 많지 않다. 복음 사역에 끝까지 동참한 자들에 대한 바울의 사랑은 바로 주님의 사랑임을 기억해야 할 것이다(딤후 1:16~18, 4:19).

바울의 아픔이 된 나쁜 직분자의 모델

한때 함께 동역했던 자들 가운데 자신의 이익을 좇아 떠나거나 원망과 서운함을 가지고 떠난 자들, 소리 없이 조용하게 떠나간 자들, 세상을 사랑하여 자기 갈 길로 간 자들, 일말의 양심도 없이 배반하고 떠나간 자들은 목회자에게는 큰 아픔이다. 바울의 풍성한 사역의 뒤편에는 한때 동역했던 자들의 배반으로 인한 상처도 있었다.

  목회를 하면서 15년, 20년 이상 동역한 평신도들이 예사롭게 보이지 않는다. 부부도 오래 살다 보면 권태기를 겪게 되는데 말이다. 사도 바울은 자랑스러운 동역자들과 함께, 자신의 마음을 아프게 한 자들의 이름을 밝히고 있다. 바울의 아픔이었던 자들을 살펴보면 다음과 같다.

1) 유오디아와 순두게
빌립보 교회 성도인 두 사람은 하나 되지 못했다. 하나 되지 못하고 불화하는 것은 교회 전체에 해를 끼친다는 것을 알고 있었던 바울은 두 사람에게 주 안에서 한마음을 품으라고 권면했다(빌 2:22, 4:2~3). 성도들끼리 불화하고 시기하며 하나 되지 못하면 교회의 복음을 방해하는 결과를 가져오기 때문이다.

예수님은 성도들이 하나 되지 않을 때, 복음 전파가 방해를 받는다는 사실을 아셨기에 하나 되게 해 달라고 기도하셨다(요 17:21). 바울도 두 사람이 하나 되지 못해서 많은 부담을 느끼고 있었던 것이다.

하나님 나라 일꾼의 첫 번째 자세는 재능도 물질도 아니다. 하나 되는 것이다. "평안의 매는 줄로 성령이 하나 되게 하신 것을 힘써 지키라"(엡 4:3).

2) 데마

바울은 데마를 마가, 아리스다고, 누가와 함께 신뢰하는 동역자로 여겼다(몬 1:24). 그러나 데마는 바울의 마음을 아프게 했다. 세상을 사랑하여 바울을 버리고 데살로니가로 갔기 때문이다(딤후 4:10). 특히 디모데를 향한 바울의 마지막 권면 중에 데마가 거명되고 있는 것은 바울의 아픔을 말해 주는 것이라고 볼 수 있다. 헨드릭슨이나 렌스키 같은 신학자들은 데마가 그리스도보다 세상을 더 사랑하여 그리스도에 대한 믿음을 저버린 사람이라고 말한다.

한때 열심이었던 자들이 교회를 떠나는 모습을 보며 믿음까지 의심이 가는 경우가 생기면 목회자는 비애감과 아픔을 맛

보게 된다. 어떤 경우에도 인생의 주인이 하나님이심을 확신하고 끝까지 소망을 놓지 않는다면 칭찬받는 충성된 종이 될 수 있을 것이다.

> 네가 이 세대에 부한 자들을 명하여 마음을 높이지 말고 정함이 없는 재물에 소망을 두지 말고 오직 우리에게 모든 것을 후히 주사 누리게 하시는 하나님께 두며(딤전 6:17).

3) 부겔로와 허모게네

바울은 소아시아 전도에 온 힘을 쏟았다. 특히 수도인 에베소에서 3년 이상 머물면서 열심히 가르쳤다. 그러나 소아시아에 있는 모든 사람이 바울을 버린 것에 대해 언급하고 있다. "아시아에 있는 모든 사람이 나를 버린 이 일을 네가 아나니 그중에 부겔로와 허모게네도 있느니라"(딤후 1:15). 바울이 두 번째 감옥에 들어갔을 때 이를 두려워하여 사람들이 외면한 것에 대해 서운함을 나타내고 있다.

부겔로와 허모게네는 바울을 외면하는 일에 주동적인 역할을 한 것으로 보인다. 바울은 자신이 감옥에 있을 때 자주 찾아와 위로하고 즐겁게 해 주고 바울이 감옥에 있는 것을 부끄러워하지 않은 오네시보로와 그의 집을 축복하고 있다. 단지 목회자와 좋은 관계를 유지하는 것이 아니라 목회자와 동역하고 어려움을 함께하는 것은 하나님 나라 사역에 동참하는 것임을 기억해야 한다.

위험한 섬김

사도 요한은 대조적인 두 사람을 소개하고 있다. 한 사람은 가이오로 "참으로 사랑하는 사람"이라는 표현이 성경에 네 번이나 나온다. 가이오는 요한에게 큰 기쁨이었다(요삼 1:3~4). 그는 나그네 된 형제들에게 사랑을 베풀었다(요삼 1:5~6). 가이오가 크게 칭찬받은 이유는 진리를 위해 수고한 사람이었기 때문이다(요삼 1:8).

열심은 있으나 진리와 무관하다면 위험한 섬김이라고 할 수 있다. 이런 사람은 하나님 나라 사역의 방해꾼이 될 수밖에 없다. 그 대표적인 자가 디오드레베로, 으뜸 되기를 좋아하고 접대하지도 않고, 악한 말로 비방하고, 심지어 요한의 동역자들을 배척했다(요삼 1:9~10).

섬김의 목적은 주인이신 하나님의 뜻을 좇아 그분께 영광을 돌려드리는 것이다. 그러나 잘못하면 자신을 섬기기 위한 섬김이 될 수 있다. 섬김을 통해 자신의 만족을 채우고, 다른 사람들로부터 박수와 인정받기를 원한다면 이는 위험한 섬김이라고 할 수 있다. 이런 경우는 조용하게 섬기지 않는다. 시끄럽게 섬기고, 섬긴 것을 모두에게 알려야 직성이 풀린다. 그리고 주변 사람들의 마음을 불편하게 하며 성령님을 근심하게 한다. 자기주장을 내세우며 다른 사람과 성령님을 무시하고 자기 열심과 자기 의를 드러내기도 한다.

제자들의 섬김은 주장하는 섬김이 아니라 조화를 이루는 겸손한 섬김이 되어야 한다. 자신을 드러내고 인정받기를 원하는 마음으로 섬기면 조그만 문제에도 서운한 감정을 드러내고 원망과 불평으로 믿음이 약한 자들을 혼란과 시험에 빠뜨린다. 그 결과 교회 안에 불평 그룹이 만들어져서 결국 당을 짓는 일들을 초래할 수도 있다.

섬김은 목적뿐 아니라 과정까지도 중요하다. 섬기는 자들이 질서 안에서 지도자에게 순종하고 어떤 경우에도 종의 자세를 잃지 않을 때 풍성한 사역의 열매와 함께 교회에 덕을 세울 수가 있다.

너희를 인도하는 자들에게 순종하고 복종하라 그들은 너희 영혼을 위하여 경성하기를 자신들이 청산할 자인 것같이 하느니라 그들로 하여금 즐거움으로 이것을 하게 하고 근심으로 하게 하지 말라 그렇지 않으면 너희에게 유익이 없느니라(히 13:17).

이와 같이 너희도 명령 받은 것을 다 행한 후에 이르기를 우리는 무익한 종이라 우리가 하여야 할 일을 한 것뿐이라 할지니라(눅 17:10).

6장
섬기는 자의 영향력

내가 달려갈 길과 주 예수께 받은 사명
곧 하나님의 은혜의 복음 증언하는 일을 마치려 함에는
나의 생명조차 조금도 귀한 것으로 여기지 아니하노라
● 사도행전 20장 24절

지금까지 섬기는 자는 다른 사람에게 영향력을 끼친다는 사실을 알게 되었다. 이제부터는 섬기는 자가 끼치는 영향력이 구체적으로 무엇인지 살펴보도록 하자.

수준을 높여 주는 자

섬기는 자는 다른 사람의 수준을 높여 준다. 섬김의 모범을 보이셨던 예수님을 따랐던 제자들은 예수님을 만나기 전에는 평범한 사람들이었다. 대부분 어부로서 생활에 대한 염려로 하루하루를 살아가는 자들이었다. 그러나 예수님을 만난 후 그들의 삶은 변화되기 시작했다. 예수님께서 그들의 수준을 높여 주신 것이다.

예수님을 따른 제자들은 세상을 변화시키는 힘을 가지게 되었다. 예수님의 열두 제자들은 철저하게 자신들을 헌신해서 세상 사람들이 구원받도록 섬겼다. 자신의 생명을 아낌없이 내주며 복음을 전하고 사랑을 베풀었다. 남을 위해 사는 자는 수준이 높은 자다. 그리고 다른 사람들도 높은 수준으로 끌어올려 준다.

어떤 공동체든 섬기는 자들의 질과 수에 비례하여 공동체의 수준이 달라진다. 예수님은 기대 수준이 높았기 때문에 제자들에 대한 훈련도 대충하지 않으셨다. 교실에서 강의만 하지 않으시고 현장으로 나가셨다. 교회 안에서의 부흥회가 아니라 현장을 변화시키는 삶의 부흥회를 개최하신 것이다. 말씀을 전하실 때도 꼼꼼하게 가르치셨다. 그 결과 제자들의 수준이 날이 갈수록 높아졌다.

예수님의 가르침을 받은 사람들은 수준이 높아져 품위와 능력을 가진 자들이 되었다. 벳세다 사람으로 어부 출신인 베드로는 가버나움에서 어부로 살았다. 그러나 형제 안드레의 인도로 예수님의 열두 제자 중 야고보 요한과 함께 삼인의 제자가 되어 예수님 곁을 지켰다. 또한 예수님의 부활 후 초대교회에서 중심적인 역할을 했다. 베드로의 열정적인 복음 전파로 하루에 삼천 명이 회개하고 세례를 받기도 했다(행 2:41). 베드로 한 사람을 통해 주님께 돌아온 사람의 수는 계산할 수 없다. 초대교회가 굳건하게 세워지는 데 그의 역할은 대단했다. 섬김의 자세를 가지고 사역했기에 그 자신도 상상할 수 없는 일에 쓰임 받게 된 것이다.

교회 안에서 순원들에게 왜 순장들을 존경하는지 이유를 물어보면 학력이나 명예, 재능이나 부요가 아니다. 한결같이 겸손하게 섬기는 모습에 감동을 받아서 존경한다고 말한다. 섬기는 우리 순장님이 최고라고 말한다. 그리고 섬기는 교회의 지체가 된 것을 자랑스러워한다.

주님은 자신이 더 높다고 다투던 제자들을 향해 섬기는 자가 으뜸이라고 말씀하셨다. 섬김 받기를 원하는 공동체는 질 낮은 공동체로 주님의 사역을 제대로 감당할 수 없다는 사실을 아셨기 때문이다. 수준 높은 공동체는 주님의 마음으로 섬기는 자들이 많은 곳이다. 우리 가정, 우리 교회가 나로 인해 수준 높은 공동체가 될 수 있음을 기억해야 할 것이다.

길을 닦는 자

예수님은 선구자이셨고 가시는 곳마다 개척하셨다. 전통과 관습에 젖어 있는 안일함을 꾸짖으셨다. 헌신과 섬김 없이 대접만 받으려는 바리새인과 서기관들을 향해 강하게 책망하셨다. 듣기에 민망할 정도로 말씀하셨다(마 12:34, 23:33).

예수님은 길을 닦으셨다. 방해되는 것이 있으면 과감하게 제거하셨다. 잘못된 것을 말씀으로 가르치시고 어떤 때는 행동으로 보여 주기도 하셨다. 섬기기 위해 오신 분의 모습과는 다르게 보이지만 길을 닦는 데 방해가 되는 죄악을 정말 과감하게 제거하셨다. 사람들에게 유익을 주기 위해 섬기신 주님은, 인간을 파멸로 몰아가는 그 어떤 것도 용납하실 수 없었던 것이다.

섬기는 자는 악을 제거하고 거룩한 영향력을 확산시킨다. 그러나 섬김을 받으려는 자는 악에 대해 별 관심이 없다. 자신에게만 유익하다면 악도 포용한다. 그리고 장애물을 제거하기 위해 당하는 어려움을 피하고 미봉책을 쓰며 사람들에게 너그럽게 보이려고 한다. 진리보다는 사람들의 인기에 관심을 가지게 될 것이다. 그러나 예수님은 정말 사람을 사랑하셨기에 그 당시 실세였던 바리새인들과 서기관들의 잘못을 적당하게 눈감아 주지 않으셨다. 영혼을 병들게 하는 것을 결코 용납할 수 없었던 것이다.

예수님은 힘들게 길을 닦으셨다. 길 닦는 일이란 섬김의 모범을 보이고 사람을 가르치는 일이었다. 철저하게 훈련시키는 일이었다. 결국 제자들은 세상을 변화시켰다. 이것이 바로 예수님이 가르쳐 주신 섬김의 정신이다.

사람들을 세워 주는 자

예수님께 나오는 자들은 세상에서 소외되고 멸시 받는 자들이었다. 다시 말해 자존감이 낮은 자들이었다. 그러나 예수님을 만난 사람들은 담대해졌다. 그 당시 멸시받던 죄인, 창녀, 세리들은 예수님을 만나면서 꿈을 가졌다. 병으로 좌절감에 빠졌던 자들도 그랬다. 우울증에 걸린 사람이 기쁨과 감격이 생겼고 감사의 삶을 살게 되었다. 예수님은 가는 곳마다 용기를 주고 세워 주셨다. 삭개오처럼 세상 사람들로부터 멸시받고 자신감을 잃었던 자도 예수님을 만나서 새로운 삶을 살게 되었다. 예수님은 언제나 용기를 주셨다. "예수께서 이르시되 할 수 있거든이 무슨 말이냐 믿는 자에게는 능히 하지 못할 일이 없느니라 하시니"(막 9:23). 예수님을 만난 자들은 누구나 건강해졌다.

한 자매가 해피타임(새가족반)에 들어왔다. 얼굴은 어두워 보였고 병색이 완연했다. 자매는 본래 믿음의 가정에서 자랐으나 결혼하면 교회 나가겠다는 불신자 남편의 말만 믿고 결혼을 했다. 그러나 남편과 시댁의 반대로 교회에 나가지 못하고 불신자처럼 살았다. 그러다가 부동산 투자와 주식으로 손해를 보면서 불면증에 걸려 제대로 잠도 못자고 식사도 못하는 우울증에 걸리고 말았다. 우울증에 걸린 후 온몸이 아프고 사람과의 대화가 싫어지고 아무 생각 없이 무기력증에 빠졌다. 정신병원에 들어가야 할 만큼 심각해졌다. 종합병원에서는 증상이 너무 많아 힘들다고 했다. 병원 약은 도움이 되지 않았고, 모든 치료 방법은 도움이 되지 못했다. 병세는 더 깊어가 손가락 하나 까딱할 수 없는 무기력증에 빠져 바보처럼 사는 자신을 보며 자살까지 생각하게 되고, 차에서 뛰어 내리고 싶은 충동을 느끼기도 했다. 그때 평택대광교회 한 집사의 전도로 해피타임에 들어오게 된 것이다. 죽은 사람 같았던 자매는 해피타임을 통해 예수님을 구세주로 영접하고 삶이 회복되고 얼굴에 생기가 돌기 시작했다. 믿음으로 약을 끊고 순모임과 새벽기도에 나오면서 큐티까지 하고 있다. 지금은 몸과 마음이 완전히 회복되어 전도폭발훈련을 받고 전도의 사람이 되었다. 비록 불신 남편이 핍박을 하지만 주님께 돌아올 것을 기대하며 최선을 다해 남편을 섬기고 있다.

이 자매의 편지 가운데 기억나는 내용이 있다. '해피 타임 때 들은 말씀을 남편과 아는 사람들에게 전해 주며 복음을 전할 때마다 피곤하고 아픈 부분들이 회복되고 새 힘을 얻는 것을 경험했어요. 저의 아파트에 말기암 환자인 자매가 저의 전도 대상자에요. 기도해서 만난 대상자입니다. 교회 나와 예수님 믿도록 기도해 주세요.' 복음은 좌절과 고통에 빠진 사람들을 회복시키고 세워 준다. 자매는 지금 그 말기암 환자를 전도해서 같은 순모임의 순원이 되었다.

예수님을 만난 자들은 자신들의 장점을 발견했으며 그동안 묻혀 있던 재능을 발휘하기 시작했다. 별 볼 일 없어 보이던 제자들이 예수님을 만나 삶이 변화되기 시작했고, 미래에 대한 소망을 가지고 긍정적인 사람이 되었다. 예수님을 만나 섬김의 삶을 산 제자들은 다른 사람에게 용기를 주는 사람, 꿈을 심어 주는 사람이 되었다. 평생 성전 문 앞에서 구걸하며 살 수밖에 없었던 앉은뱅이가 베드로와 요한을 만나서 새 삶을 살기 시작했다. 마음이 병든 자, 육체가 병든 자 모두 새 삶을 살게 된 것이다. 이것이 섬기는 자들의 영향력이다.

위대한 목표를 깨닫게 해 주는 자

참으로 열심히 사는 사람들이 많다. 그들에게 묻는다. 왜 그렇게 열심히 사는가? 대부분의 사람들은 이렇게 대답한다. "승진하기 위해서, 월급을 많이 받기 위해서, 출세해서 잘 살기 위해서." 많은 사람들이 먹고 살기 위해 열심히 산다. 이런 자들은 어떤 일을 선택할 때 자신의 이익을 위해 결정한다.

아브라함의 조카 롯이 그랬다. "네 앞에 온 땅이 있지 아니하냐 나를 떠나가라 네가 좌하면 나는 우하고 네가 우하면 나는 좌하리라"(창 13:9). 아브라함의 이 말에 롯은 비옥한 땅을 선택했다. 롯은 삼촌인 아브라함에게 "아닙니다. 먼저 선택하십시오"라고 말하든지, 아니면 "저는 아직 젊습니다. 그러니 비옥한 땅은 삼촌이 선택하십시오"라고 말해야 했다. 그러나 롯은 사양 없이 조건이 좋은 땅을 선택했다. "이에 롯이 눈을 들어 요단 지역을 바라본즉 소알까지 온 땅에 물이 넉넉하니 여호와께서 소돔과 고모라를 멸하시기 전이었으므로 여호와의 동산 같고 애굽 땅과 같았더라 그러므로 롯이 요단 온 지역을 택하고 동으로 옮기니 그들이 서로 떠난지라"(창 13:10~11). 그 결과 롯은 모든 것을 다 잃었다. 목표 없이 자신의 안위와 욕심을 채우며 사는 자의 마지막은 한결같다.

그 외에도 사울왕, 아나니아와 삽비라, 이들은 모두 생존이 목적이었다. 그러나 위대한 목표를 가지고 살았던 사람들은 섬김을 통해서 민족을 살리고 자신이 속한 공동체에 유익을 주었다.

여의도 순복음교회 조용기 목사님은 스물세 살에 전도사가 되어 개척교회를 시작했는데, 그의 마음에는 비장한 결심과 목표가 있었다. '나는 세계 역사에 남는 교회를 세우고 빌리 그레이엄 목사님과 같이 온 천하에 다니며 복음을 전하겠다'라는 두 가지 목표였다고 한다. 당시 그의 동창들은 기성교회에서 목회를 하든지 적당하게 교회를 개척하며 살아야겠다는 생각이 많았다고 한다. 그가 목표한 바를 이루기까지는 수많은 고통과 장애물이 있었지만 언제나 큰 목표를 바라보며 극복했고 결국 꿈을 이루었다.

섬김의 삶을 산 자들은 다른 사람들에게 위대한 목표를 발견하도록 해 준다. 이들이 준 도전은 개인의 이익을 추구하는 일반적인 목표가 아니다. 섬김을 통해 세상을 변화시키기 위한 목표다. 그리고 구체적으로 행동한다. 어떤 희생도 감수한다. 예수님을 만나 복음을 위해 섬김의 삶을 살았던 사도 바울은 가장 귀한 목표를 위해 살았다.

> 내가 달려갈 길과 주 예수께 받은 사명 곧 하나님의 은혜의 복음 증언하는 일을 마치려 함에는 나의 생명조차 조금도 귀한 것으로 여기지 아니하노라(행 20:24).

바울은 가치 있는 목표를 향해 멋지게 달렸다. 그리고 멋있게 세상을 살았다고 당당하게 고백했다. 그리고 믿음의 형제들에게도 자신처럼 산다면 의의 면류관이 준비되어 있다고 용기를 주었다. "나는 선한 싸움을 싸우고 나의 달려갈 길을 마치고 믿음을 지켰으니 이제 후로는 나를 위하여 의의 면류관이 예비되었으므로 주 곧 의로우신 재판장이 그날에 내게 주실 것이며 내게만 아니라 주의 나타나심을 사모하는 모든 자에게도니라"(딤후 4:7~8).

이처럼 섬김의 사람들은 위대한 목표를 깨닫게 해 준다.

좋은 평가를 받게 하는 자

인생에서는 평가가 중요하다. 사람들의 평가보다 더 중요한 것은 인생을 만드신 하나님의 평가다. 그런데 하나님께서 가장 후한 점수를 주시는 자가 바로 섬기는 자다. 섬기는 자에게 하나님은 하늘나라 으뜸상을 준비해 두셨기 때문이다. "너희 중에는 그렇지 않아야 하나니 너희 중에 누구든지 크고자 하는 자는 너희를 섬기는 자가 되고"(마 20:26).

섬김의 삶을 산 사람들은 다른 사람들까지 섬김의 삶을 살도록 전염시킨다. 섬김은 보이지 않고 들리지 않아도 그 결과로 나타난다. 그리고 영원히 우수한 평가를 받게 한다. 섬김의 삶을 사는 부모는 지혜로운 자다. 자녀들까지 하나님께 우수한 평가를 받도록 하기 때문이다. 가장 가치 있고 값지게 산 자가 섬김의 삶을 산 자들이다. 주변 사람들이 당신으로 인해 좋은 평가를 받도록 하자.

7장
섬기는 공동체 가정

아내들아 남편에게 복종하라 이는 주 안에서 마땅하니라
남편들아 아내를 사랑하며 괴롭게 하지 말라
● 골로새서 3장 18~19절

가정의 시작은 권위자인 하나님 앞에서 행한 언약에서부터 시작된다. 단지 사랑하기 때문이 아니라 그 사랑이 하나님의 권위 앞에서 행한 언약적인 사랑이기에 가정은 고귀하고 성스러운 것이다.

가정은 교회와 함께 하나님께서 만드신 공동체로 작은 교회라고 할 수 있다. 가정은 주님을 머리로 모신 믿음의 공동체다. 가정에서 머리 되신 주님의 권위를 인정하면 행복한 결혼생활을 할 수 있다. 그러나 머리 되신 주님의 자리에 남편이나 아내가 자리를 잡으면 가정은 무질서해지고 가족 구성원 모두 고통을 맛보게 된다.

가정이 건강해야 교회가 건강해진다. 가정과 교회는 공통점이 있다. 교회를 '그리스도의 몸'이라고 하시고, 부부 역시 '한 몸'을 이루라고 말씀하신다. "이러므로 남자가 부모를 떠나 그의 아내와 합하여 둘이 한 몸을 이룰지로다"(창 2:24). 하나님께서 만드신 가정과 교회는 섬김을 기초로 이루어져야 한다는 내용을 '몸'의 비유로 말씀하신 것이다. 결혼 후의 삶이 지옥 같다면 이는 섬기는 가정이 아니라 섬김 받기를 바라기 때문일 것이다. 서로가 주장하고 요구만 한다면 결혼 전에 꿈꾸던 가정을 이루기가 힘들다. 많은 가정이 병들어 가고 있다. 병든 가정에서 자란 자녀들 역시 본대로 행할 수밖에 없기에 정상적인 가정을 이루기가 힘든 것이다.

하나님께서 만드신 가정이기 때문에 하나님 말씀대로 행하면 건강한 가정이 될 수 있다. 그 열쇠는 하나님 말씀에 순종하는 것이다.

제자훈련을 통해 많은 가정이 회복되고 치유되는 것을 경험했다. 이혼 직전에 있던 가정과 별거 상태에 있던 가정이 신혼 같이 변하는 모습을 보면 하나님의 말씀이 능력이 있다는 사실을 새삼 실감하게 된다. 가정 회복에서 가장 중요한 단어는 '섬김'이다. 섬김을 통해야지만 건강한 가정으로 회복된다. 건강한 가정을 위한 몇 가지 조건을 살펴보도록 하자.

상대방을 존중하라

상대방에 대한 존중은 말에서부터 시작된다. 언어폭력의 피해가 가장 많은 것이 부부다. 서로에게 함부로 말하며 너무 큰 상처를 주고받는 부부가 많다. 언어폭력은 반말에서부터 시작된다. 서로 존댓말을 사용하면 상대를 존중하게 된다. 그리고 싸울 일이 있어도 경어를 사용하면 싸우기가 쉽지 않다. 부부가 서로 경어를 사용하면 자녀들도 부모를 존경하게 된다. 남편이 아내의 인격을 무시하는 반말을 하면 자녀들도 어머니 알기를 우습게 안다. 아내가 남편의 행동을 비아냥거리면 자녀들도 아버지를 존경하지 않는다. 부부가 서로 경어를 사용하며 인격을 존중해 주는 것이 대궐 같은 집에서 사는 것보다 더 귀한 일임을 기억해야 할 것이다.

사랑을 표현하라

부모가 서로 사랑하는 모습을 보고 자란 자녀는 건강하다. 그러나 싸우는 것만 보고 자란 자녀는 비뚤어지거나 부정적인 성격을 가지게 된다. 한국인들은 사랑을 표현하는 것에 익숙하지 않다. 그러나 사랑은 표현해야 한다. 입술을 통해 "사랑한다"고 말해야 한다. 그리고 문자를 통해서도 표현해야 한다. 사랑은 표현하지 않으면 아무런 유익이 없다. 사랑의 표현이 가장 좋은 섬김이다.

어떤 자매는 결혼 후 지금까지 남편으로부터 단 한 번도 음식을 잘한다거나, 맛있다는 말을 들어보지 못했다고 한다. 남편이 어릴 때부터 본 그런 아버지의 모습이 마음속에 각인되어 칭찬에 인색했던 것이다. 섬기는 공동체인 가정의 윤활유는 격려하고 칭찬하고 이해하는 사랑이 듬뿍 담긴 표현이다.

제자훈련을 하는 기간 동안 사랑을 구체적으로 표현하도록 계속해서 과제를 내주는데, 처음에는 쑥스러워하거나 부담스러워해도 시간이 지나면 익숙해져서 제자훈련 후에도 습관으로 자리잡는 것을 볼 수 있었다.

구체적으로 행동하라

섬김은 마음이 아니라 행동이다. 남편이 가사 일을 도와주는 것도 좋은 방법이다. 남편이 화장실 청소나 설거지, 또는 가족을 위해 가끔 요리도 하는 것은 좋은 방법이다. 아버지가 섬기면 아내뿐 아니라 자녀들도 크게 감동을 한다.

사랑은 큰 것에서 시작하지 않는다. 작은 것에서부터 시작된다. 특히 부부가 갈등하는 이유는 상대를 쉽게 생각하여 함부로 대하기 때문이다. 결혼 초기에 서로에게 하지 말아야 할 것과 조심해야 할 리스트를 미리 정해서 구체적으로 행동하는 것도 좋은 방법이 될 수 있다. 예를 들면, 배우자 가족 욕하지 않기, 폭력적인 언어 사용하지 않기, 비교하지 않기, 이혼이라는 말 꺼내지 않기 등을 서로 실천하면 좋을 것이다.

섬김은 상대방의 입장에서 생각하고 이해하는 것이다. 주님께서 가르쳐 주신 섬김의 권위를 깨닫고 실천한다면 좋은 부모, 좋은 남편, 좋은 아내가 될 수 있다.

부족한 부분을 기도해 주라

돕는 배필이란 '조력자', '반려자'란 뜻이다. 남자와 여자는 모두 하나님의 성품을 나눠 받은 귀한 인격체다. 그러므로 억지로 자신의 생각대로 하려고 해서는 안 된다. 가정환경을 통해 어릴 때부터 형성된 습관, 부모로부터 물려받은 기질, 성격 등은 하루아침에 바뀌는 것이 아니다. 이해해 주고 기다려 주어야 한다. 결혼을 해서 한몸이 되었다는 것은 상대의 장점뿐 아니라 단점까지도 이해하고 받아 주어야 하는 것이다. 좋은 점을 칭찬하고 격려하고 부족한 부분에 대해 기도하면서 성령님의 도우심을 구해야 한다.

성도들은 가장 좋은 무기인 기도를 선물로 받았다. 우리는 쉽게 비판하고 폭언을 퍼붓지만 진정으로 사랑하는 마음으로 기도하지 않는 경우가 많다. 배우자의 부족한 부분은 그 누구의 몫도 아니다. 배우자가 섬김의 정신으로 이해하고 기도해 줄 때에 건강한 가정이 될 수 있을 것이다.

자신의 문제를 인정하라

자신의 문제를 인정하지 않는 이유는 남녀의 차이 때문이다. 남자는 성취욕이 강하고 목표와 결과를 중시하지만 여자는 과정을 중시하고 관계 중심적이다. 남자는 인정받고 칭찬과 존경 받는 것을 좋아한다. 하지만 여자는 관심과 배려, 사랑을 원한다. 그런데 남편은 사랑 표현에 인색하고, 아내는 남편에 대한 칭찬과 존경에 인색하기 때문에 갈등이 생긴다. 서로가 상대의 요구에 대한 자신의 문제점을 인정하고 노력하고 개선하려는 자세가 필요하다.

부부가 당하는 어려움 중 하나는, 자존심 때문에 자신의 문제를 인정하지 않는 것이다. 자신의 문제를 인정하지 않으면 대화가 되지 않는다. 상대방도 마음을 닫아 버린다. 상대방의 문제를 지적할 때도 지혜롭게 말하고, 지적받은 것에 대해서는 잘못을 수긍하고, 먼저 화해하는 적극적인 모습을 보이면 화목한 가정을 이룰 수 있을 것이다.

상대방을 배려하는 말을 하라

말로 인한 상처는 가장 가까운 사람으로부터 많이 받게 된다. 기분에 따라 생각 없이 말하는 경우가 많기 때문이다.

먼저 말의 톤과 목소리, 크기를 의도적으로 낮추는 것이 필요하다. 대부분의 경우 목소리가 커서 다투는 경우가 많다. 생각 없이 한 말을 듣는 상대방은 화가 나서 한 말이라고 생각할 수도 있기 때문에 가능하면 톤을 낮추어 부드럽게 말하는 것이 지혜롭다. 또한 말할 때 명령보다는 부탁하는 어조로 말하는 것이 좋다. 예를 들어, "매일 옷을 아무 데나 걸어 놓네요. 당신 귀머거리예요?"라는 말보다, "옷을 가지런히 펴서 제자리에 걸어 주면 참 좋겠네요!"라고 말하는 것이 훨씬 좋다. 명령보다는 부탁한다는 인상을 주면 더 효과가 있다. "이것 좀 해 주세요"라는 명령보다는 "이것 좀 해 줄 수 있나요?"라는 말이 훨씬 좋을 것이다. 나보다 상대방을 생각하는 섬김의 정신이 있을 때 행복한 가정이 될 수 있음을 믿어야 한다.

8장
섬김과 우리의 신앙

아버지께서 내 안에, 내가 아버지 안에 있는 것같이
그들도 다 하나가 되어 우리 안에 있게 하사
세상으로 아버지께서 나를 보내신 것을 믿게 하옵소서
● 요한복음 17장 21절

섬김의 정신으로 무장된 성도들은 건강한 성도다. 섬기는 자는 미래를 향해 나아가는 비전의 사람으로 영향력이 있는 자다. 그리고 칭찬받는 성도로 천국에서 가장 큰 자가 된다. 섬김은 신앙의 전 영역에 영향을 끼친다. 섬김의 삶을 사는 자들을 보면 큰 믿음이 있다. 그리고 주님의 사랑을 품고 산다. 이들을 통해 아름다운 조화를 이루고 공동체가 엄청난 열매를 맺게 된다. 섬김을 통해 성도들은 영원을 준비하고 주님의 성품을 닮아가며, 많은 영혼을 주님께로 인도한다. 섬김의 정신으로 사는 것만큼 재미있고 가치 있는 삶은 없다.

섬김과 믿음

이사야 1장 12절에 보면 "너희가 내 앞에 보이러 오니 이것을 누가 너희에게 요구하였느냐 내 마당만 밟을 뿐이니라"라는 말씀이 있다. 이는 형식적인 제사의 무익함을 말씀하고 있는 것이다. 믿음 없이 드리는 예배에 대한 경고이기도 하다. 진실함 없는 행위가 사람의 눈에는 크게 보일지 몰라도 하나님 앞에서는 책망거리밖에 되지 않음을 알아야 한다. 믿음은 하나님을 철저하게 신뢰하는 것이다. 그 결과까지도 신뢰한다.

섬김은 믿음에서부터 시작되어야 한다. 사람에게 보이기 위해 섬긴다면 이는 자신에게 무익할 뿐이다. 사람의 칭찬이나 공명심에서부터 시작되는 것은 굉장히 위험하다. 살아 계신 하나님에 대한 변함없는 확신은 열매 맺는 섬김으로 나타나며 믿음의 사람들이 섬긴 결과는 풍성한 열매로 나타난다. 하나님은 언제나 결과로 보여 주신다.

믿음의 사람 무디는 1837년 매사추세츠 노스필드(North Field)에서 소작농이자 석공인 에드윈 무디(Edwin Moody)와 베시 홀튼(Betsy Holton) 사이에서 7남 2녀 중 6남으로 태어났다. 그는 초등학교 5학년 때 아버지가 사고로 일찍 돌아가셔서 극심한 가난에 시달리게 되었고, 어린 나이에 농장에서 노동을 해야 했다. 시카고로 간 그는 제화점에서 영업사원으로 일했고, 시카고 빈민가에 교회를 설립하고 가수 아이라 생키와 함께 동역하며 복음을 전했다. 무디는 영국, 스코틀랜드, 아일랜드에서도 전도를 했는데, 자리가 모자랄 정도로 그의 설교는 대중들의 사랑을 받았다. 무디는 남북전쟁 때 전쟁터에서도 설교를 했는데, 많은 군인들이 무디의 설교를 듣고 주님을 영접했다고 한다.

특히 무디는 아시아와 조선에 대해서 관심이 많았다. 이후 그는 무디 성서학교(1886년)와 마운트 헤르몬학교를 설립해서 많은 믿음의 사람들을 배출하는 놀라운 일을 이루었다. 그는 복의 근원 되시는 하나님에 대해 분명한 확신을 가지고 있었다. 뿐만 아니라 주일학교에서 성실히 봉사했고, 노방 전도에 열심이었으며, 미국 최대의 부흥사가 되었다. 지금도 그의 영향력이 계속되고 있다. 진정한 믿음은 섬김의 사람을 만들고 그 영향력은 후세에도 계속된다.

섬김과 사랑

마태복음 26장 6~13절에 보면 예수님께서 베다니 한센병(나병)환자 시몬의 집에서 식사를 했다. 그때 죽었다가 살아난 나사로는 예수님과 함께 식탁에 앉아 있었고, 마르다는 심부름을 하고 있었다. 그때 마리아가 값비싼 향유를 예수님의 발에 붓고 자기 머리카락으로 닦았다. 집안 전체가 향유 냄새로 가득했다. 이때 가룟 유다가 "삼백 데나리온이나 받을 수 있는 비싼 향유를 팔아 가난한 자들에게 주지 왜 낭비하는가?"라고 책망했다. 그러나 예수님은 온 천하 어디서든지 복음이 전파되는 곳마다 이 여자가 한 일이 함께 알려져 잊혀지지 않을 것이라고 하셨다. 주님에 대한 사랑에서 시작된 마리아의 섬김이 주님의 마음을 기쁘시게 했던 것이다. 마리아는 예수님에게 최고의 선물을 드리고 싶었다. 그 당시 종교 지도자들이 자신을 사랑하여 지위와 명예에 관심을 가졌지만 마리아는 주님을 향한 사랑과 헌신의 마음이 너무나 깊었고 그 사랑을 최대한으로 표현한 것이다.

주님께서 맡겨주신 사명보다 자기의 이익을 채우기 위해 직분을 이용하고, 섬김의 흉내를 내는 자들에게 주님은 마리아가 보여 준 사랑의 섬김이 우리가 본받아야 할 모습이라는 것을 알려 주신 것이다.

평택대광교회의 섬기미 지원자들에게 화장실 청소는 가장 인기 있는 곳이다. 각 층에 있는 화장실에는 매일 봉사하는 섬기미들이 있다. 이들은 자신이 맡은 구역을 성심껏 청소한다. 한 부부인 형제와 자매는 새벽 예배 후에 함께 화장실 청소를 하는데 형제는 남자 화장실을 자매는 여자 화장실을 맡는다. 몇 년째 부부가 새벽에 나와서 함께 기도하고 청소하고 돌아가는 모습을 보면 참으로 아름답고 멋지다는 생각이 든다. 청소 섬기미 지원을 하고는 연초에 흉내만 내거나 아예 하지 않는 경우도 간혹 있다. 이런 경우는 자신의 직분이나 체면 때문에 마지못해 지원을 했기 때문이다. 주님의 은혜와 사랑에 감사하는 마음을 가지면 못할 일이 없다. 주님을 사랑하는 자에게 주님은 섬길 수 있는 힘을 주시고 결과에 대한 칭찬과 상급도 아낌없이 주실 것이다.

섬김과 하나 됨

말세에 나타나는 고통은 자기 사랑에서부터 시작된다. 자기 사랑은 스스로에게 고통이 될 뿐 아니라 온갖 범죄로 이어져 다른 사람에게까지 고통을 준다. 디모데후서 3장 1~2절에서 이 사실을 분명하게 말하고 있다. "너는 이것을 알라 말세에 고통하는 때가 이르러 사람들이 자기를 사랑하며 돈을 사랑하며 자랑하며 교만하며 비방하며 부모를 거역하며 감사하지 아니하며 거룩하지 아니하며."

　교회 안에서 섬기는 자를 엄밀하게 살펴보면 자기를 사랑해서 섬기는 자도 있다. 자신의 목적을 위해 섬기는 것이다. 이런 경우는 반드시 자기의 이익과 연결되어 섬김의 마지막이 아름답지 못한 경우가 대부분이다. 열심히 섬기고 결과가 있는 것처럼 보이지만 스스로 상처를 받든지, 아니면 다른 사람에게 상처를 준다.

하나님 나라를 위해 섬길 때 가장 중요한 것이 있다. 하나님의 뜻과 지체의식을 가지고 섬겨야 한다는 것이다. 열심히 섬기지만 주님의 몸 된 교회에 유익을 주지 못하거나 다른 지체에게 상처를 준다면 이는 바른 섬김이라고 할 수 없다.

주님께서 십자가에 달리시기 전 이 땅에서 마지막으로 하신 기도는 "아버지께서 내 안에, 내가 아버지 안에 있는 것같이 그들도 다 하나가 되어 우리 안에 있게 하사 세상으로 아버지께서 나를 보내신 것을 믿게 하옵소서"(요 17:21)라는 간구다. 지체가 하나 되지 못하면 복음 전파의 심각한 방해가 될 수 있음을 염려하신 것이다. 진정한 섬김은 하나가 되는 것이다. 자신의 유익을 구하지 아니하고 하나님의 뜻을 이루기 위해 자신의 손해를 감수하는 것이다.

교회 안에서 열심히 섬기는 것 같은데 지체와 리더를 공격하고 모함하는 자들의 대부분은 지체의식의 부재와 자신만을 사랑하는 영적 어린아이와 같은 성향이 있다. 섬김의 도를 깨달은 자들은 자신이 어떤 일을 맡았는가보다는 나로 인해 하나님의 나라가 확장되고 복음이 전파되는 것을 기뻐하기 때문에 '이름 없이 섬기는 것'을 기꺼이 받아들인다. 또한 어렵고 힘든 일이 있어도 참고 견딘다.

20년 가까이 함께 동역한 여자 순장이 순장 초기의 일을 회고하며 고백했다. 순모임 시간을 자기 편의에 따라 바꾼 것을 목사가 알고 한 시간 정도 자신을 심하게 책망했다고 한다. 서럽고 힘든 마음으로 집에 들어갔는데 목사가 또 다시 전화를 해서 재차 책망했다는 것이다. 그 기억이 아직도 생생한데 요즘은 목사님이 참 너그러워지셨다고 하면서 함께 웃은 적이 있다. 그 순장에게는 책망받던 그 시간이 엄청 길게 느껴졌을 것이다. 힘들고 어려워도 참고 인내하며 동역해 준 그 순장에게 감사할 뿐이다. 주님을 향한 사랑과 주님께서 주신 소명에 대한 확신이 있었기 때문에 지금까지 함께 동역할 수 있었을 것이다.

섬김 받기를 원하면 하나가 될 수 없지만 섬김의 자세를 가지면 지체들이 하나가 되어 하나님 나라 확장에 쓰임 받게 될 것이다.

섬김과 조화
일반적으로 교회가 조직을 통해 사역을 감당하려고 하는 경향이 있다. 부서를 조직하다 보면 리더가 필요하다. 그런데 리더가 훈련받아 성숙한 자가 아니라면 그 부서는 교회 사역의 걸림돌로 작용하게 된다. 직분을 이용해서 자신을 드러내고 자신의 영향력을 키우려고 한다. 성숙하지 못한 자들에게 직분을 준다고 해서 그들이 성숙해질 수 없다. 조화를 이룰 수 없기 때문이다. 그러나 훈련받고 성숙한 리더들이 많다면 조화를 잘 이룰 수 있을 것이다.

성숙하지 못한 리더는 주님께서 원하시는 목적보다는 성과나 업적에 집중하게 되고 사역은 부작용으로 홍역을 치르게 될 것이다. 섬김의 정신이 없는 조직은 언제나 시끄럽고 무질서하다. 그러나 섬김의 정신을 가진 조직은 조용하지만 언제나 힘 있는 활동력으로 아름다운 결과를 만들어 낸다.

평택대광교회에는 여러 섬기미들이 있다. 4층 소예배실인 벧엘홀을 청소하는 섬기미들 중에는 직장인들이 다수인 팀이 있다. 이들에게는 청소 시간을 정하는 것부터 어렵다. 몇 년 전부터 매주 토요일 새벽예배 후에 청소를 한다. 모두 새벽 예배 후 충분히 기도한 후 청소를 시작하니 일거양득이라 할 수 있다. 또한 대예배당 청소 섬기미들 중 직장인들이 많은 팀은 금요일 오후 7시부터 청소를 한다. 그리고 8시부터 시작되는 금요기도회에 참석한다. 섬김의 자세만 되어 있으면 섬길 수 있는 방법은 얼마든지 생길 수 있다.

주님께서 세우신 공동체인 교회가 아름답게 조화되려면 섬김에서부터 시작해야 한다. 그러나 섬김의 정신이 없는 사람들은 섬김으로 사역하는 것이 아니라 자신의 목적을 위해 섬김을 이용한다. 많이 섬긴 것처럼 자신의 의를 드러내지만 결국에는 공동체를 파괴하는 역할을 하고 있는 것이다. 교회가 시끄럽고 아픔을 당하는 이유는 섬김 받기를 원하는 자기추구 때문이다.

인류에게 최초로 범죄를 유도한 사단은 하와에게 섬김 받는 자의 위치에 올라갈 수 있다고 달콤한 거짓말을 했고, 아담과 하와는 범죄자가 되고 말았다. "너희가 그것을 먹는 날에는 너희 눈이 밝아져 하나님과 같이 되어 선악을 알 줄 하나님이 아심이니라"(창 3:5).

가룟 유다는 섬김 받는 자의 자리에 앉는 것이 목적이었다. 처음에는 자신의 목적을 숨기고 성실하게 섬기는 척했다. 그러나 예수님을 통해서는 자신의 목적을 이룰 수 없다는 사실을 깨닫고 예수님을 배반하고 말았다. 섬김의 정신이 모든 사역의 기초가 되지 않으면 경륜도 직분도 유익이 없다. 오히려 경륜과 직분이 교회를 파괴하고 사역을 방해하는 흉기로 사용될 수 있음을 알아야 한다.

주님의 피로 세워진 교회는 주님의 헌신적인 희생과 사랑의 섬김으로 세워졌다. 따라서 교회가 건강해지고 아름다워지려면 지체들이 서로 섬겨야 한다. 섬기지 않는 교회는 빛과 소금의 역할을 감당할 수 없고, 영혼을 구원하는 일에 쓰임 받을 수 없다. 아무리 아름다운 외모와 명예와 지위를 가졌어도 섬김의 정신을 가지지 못하면 추해질 뿐이다. 그러나 섬김의 정신을 가지면 다툼이 없고 평화가 찾아와서 아름다운 조화를 이루게 된다. 섬김은 가장 이상적인 조화를 만들어 내는 아름다움이다.

섬김과 재정

예수님께서 어떤 부자 청년에게 "가지고 있는 재물을 다 팔아 가난한 자에게 나눠 주고 나를 따르라"고 하셨을 때 청년은 근심하며 물러갔다. 이때 예수님께서 제자들을 보시며 "재물이 많은 사람이 하나님 나라에 들어가기가 정말 어렵다. 부자가 하나님 나라에 들어가는 것보다는 낙타가 바늘귀로 통과하는 것이 더 쉬울 것이다"라고 말씀하셨다(마 19:16~24).

하나님께 가까이 가는 것을 크게 가로막는 것이 물질이다. 물질 때문에 다투고 싸운다. 물질 문제가 걸리면 가족 사이가 멀어지고 부부 사이가 원수가 되기도 한다. 교회가 시끄러운 이유 중 가장 큰 비중을 차지하는 것이 물질 문제라는 것은 부인할 수 없는 사실이다. 물질로 섬기는 자가 많은 교회는 화평하다. 그리고 성도들은 자유함이 있다.

하나님께서는 물질을 하늘에 쌓아둘 수 있는 자유를 주셨다. 물질을 하늘에 쌓아두는 자는 마음을 하늘을 향해 집중하므로 하나님의 뜻에 관심을 가지고 순종하게 된다(마 6:21). 그러므로 섬김의 진수는 물질의 섬김이다. 물질의 산을 넘지 않고는 하나님의 은혜를 경험할 수 없기 때문이다.

성도들이 물질로 교회를 섬기면 교회는 가장 영향력 있는 교회가 될 수 있다. 자신의 재능과 시간으로 봉사는 하지만 물질 봉사에는 소극적인 경우가 많다. 그러나 물질로 섬기지 않으면 결코 건강하고 좋은 교회가 될 수 없다.

평택대광교회의 섬기미들은 모두 시간과 재능뿐 아니라 물질까지 섬긴다. 물론 초신자나 아직 영적으로 어린자는 가능하면 물질봉사에 제외시킨다.

주일학교 교사 섬기미들도 물질로 섬기는 것을 당연한 일로 받아들인다. 가르치는 것만 준비하는 것이 아니라 두 주에 한 번씩 정성껏 간식을 준비해서 학생들에게 나누어 준다. 이뿐 아니라 여름성경학교 때에도 점심은 교사가 준비를 한다. 참여를 원하는 학부모들도 자원해서 참가한다. 따라서 점심시간은 반 잔치 시간이 된다. 교사 강습회가 있으면 회비는 모두 교사 각자가 부담한다.

주일학교 유년부, 초등부, 소년부실에 가보니 언제부터인가 프로젝트가 설치되어 있었다. 교사 섬기미들이 물질로 섬긴 것이다. 그리고 새가족을 섬기는 해피타임부, 로비 섬기미, 식당 섬기미, 모두 자신들의 물질로 섬긴다. 곳곳에 훈련받은 섬기미들이 물질로 섬기고 있다. 섬김의 정신을 가진 다수가 아름다운 모범을 보이고 있기에 자원하는 물질 섬김도 가능한 것이다. 물질의 공급자는 하나님이심을 믿는다면 물질로 섬기는 일에 인색할 수 없을 것이다.

평택대광교회는 개척이후부터 지금까지 수입예산을 잡지 않는다. 사람의 머리 숫자나 성도들의 재정 정도에 따라 예산을 정하는 것을 피하고 전적으로 공급자이신 하나님을 의지하기 위함이다. 지출 예산도 특별하게 지출되는 것(고정적으로 지출되어야 하는 교역자 사례, 대각성전도집회, 새가족을 위한 해피타임부 후원 등 몇 가지)을 제외하고는 미리 예산을 책정하지 않는다. 주일학교는 자체적으로 재정을 관리하고 해결하는 전통이 있다. 따라서 예산 배정 때문에 골머리를 앓을 필요가 없다. 연말이 되어도 각 부서의 예산 쟁탈전은 일어나지 않는다. 그리고 각 부서에서 남는 재정을 일부러 사용해서 낭비하는 일도 없다.

일을 시작할 때 부족하던 재정도 필요에 따라 채워 주시는 하나님이심을 확신한다면 물질의 염려를 극복할 수 있을 것이다. 섬김의 자세가 없고 미성숙한 자들일수록 재정에 대한 관심이 높고, 많이 요구하고 불평도 커지게 된다. 이들은 헌신과 섬김을 짐스러워하기 때문에 교회를 어렵게 만든다. 만약 직분자들에게 섬김의 정신이 없다면 그 교회는 미래가 밝지 않을 것이다.

평택대광교회 성도들은 대부분 서민들이다. 부유한 자는 찾아보기 어렵다. 그러나 지금까지 섬김을 통해 많은 일을 해 왔다. 특히 물질이 많이 필요한 일들을 하고 있다. 공급자이신 하나님을 믿고 물질까지 섬기는 많은 섬기미들이 있기 때문에 앞으로 하나님이 하실 놀라운 일이 기대가 된다. 하나님은 물질의 산을 넘은 교회와 성도들을 통해 놀라운 일을 행하실 것이다.

보라 내가 새 일을 행하리니 이제 나타낼 것이라 너희가 그것을 알지 못하겠느냐 반드시 내가 광야에 길을 사막에 강을 내리니 (사 43:19).

한 사람이 두 주인을 섬기지 못할 것이니 혹 이를 미워하며 저를 사랑하거나 혹 이를 중히 여기고 저를 경히 여김이라 너희가 하나님과 재물을 겸하여 섬기지 못하느니라(마 6:24).

9장
섬김과 언어

아무 일에든지 다툼이나 허영으로 하지 말고
오직 겸손한 마음으로 각각 자기보다 남을 낫게 여기고
● 빌립보서 2장 3절

섬기는 자는 축복의 사람이다. 섬기는 자는 가는 곳마다 거룩한 영향력이 나타나고 주변의 사람이 하나님과 가까워진다. 또한 섬기는 자는 언어가 바뀐다. 말의 권세를 알기 때문이다. "죽고 사는 것이 혀의 힘에 달렸나니 혀를 쓰기 좋아하는 자는 혀의 열매를 먹으리라"(잠 18:21). 혀를 통해 반드시 그 결과를 보게 된다는 말씀이다.

  섬김의 자세가 없는 자는 요구하고 원망한다. 그러나 섬기는 자들은 입술에 감사가 있고 축복의 말을 한다. 하나님은 이스라엘 백성들의 무수한 말을 들으시면서 "그들에게 이르기를 여호와의 말씀에 내 삶을 두고 맹세하노라 너희 말이 내 귀에 들린 대로 내가 너희에게 행하리니"(민 14:28)라고 말씀하셨다. 이스라엘 백성들은 함부로 말했고 그 말 그대로 되었다. "이스라엘 자손이 다 모세와 아론을 원망하며 온 회중이 그들에게 이르되 우리가 애굽 땅에서 죽었거나 이 광야에서 죽었으면 좋았을 것을"(민 14:2).

섬기는 사람들은 언어가 다르다. 하나님은 우리가 말을 통해서도 섬기기를 원하신다. 우리에게 주신 입술을 통해 섬김의 삶을 살 수 있다.

축복의 말로 섬기라

섬기는 자는 결코 남을 저주하지 않는다. 이스라엘 사람들은 축복을 아주 귀하게 여긴다. 축복하는 것은 하나님의 뜻이며 어떤 경우든지 입술로 축복하며 살라고 하셨다. 로마서 12장 14절에서 "너희를 박해하는 자를 축복하라 축복하고 저주하지 말라"고 하셨다. 성도들은 축복의 말로 섬겨야 한다.

하나님께서 아론과 그의 아들들을 축복자로 세우시면서 이스라엘 백성들에게 축복하기를 원하신 것이다. 왕 같은 제사장으로 부름 받은 성도들은 축복의 말로 섬길 수 있는 특권을 가진 자임을 기억해야 한다.

여호와께서 모세에게 말씀하여 이르시되 아론과 그의 아들들에게 말하여 이르기를 너희는 이스라엘 자손을 위하여 이렇게 축복하여 이르되 여호와는 네게 복을 주시고 너를 지키시기를 원하며 여호와는 그의 얼굴을 네게 비추사 은혜 베푸시기를 원하며 여호와는 그 얼굴을 네게로 향하여 드사 평강 주시기를 원하노라 할지니라 하라 그들은 이같이 내 이름으로 이스라엘 자손에게 축복할지니 내가 그들에게 복을 주리라(민 6:22~27).

화평케 하는 말로 섬기라

사람들은 비난하고 이간질하는 것을 대수롭지 않게 생각한다. 건강한 자존감을 가진 사람은 비난하지 않고 악한 말을 하지 않는다. 그리스도인들은 가능성과 좋은 점만을 보려고 노력해야 한다. 단점과 어두운 부분을 보고 생각 없이 비판한다면 공동체는 분열의 아픔을 겪게 될 것이다.

사단의 특성 중에 하나가 사람들을 잘 이간질시킨다는 것이다. 사단은 지금도 분열시키고 불화를 조장하여 평화가 깨어지도록 노력하고 있다. 하나님께서 싫어하시는 것 중 하나가 이간질이다. "여호와께서 미워하시는 것 곧 그의 마음에 싫어하시는 것이 예닐곱 가지이니"(잠 6:16), "거짓을 말하는 망령된 증인과 및 형제 사이를 이간하는 자이니라"(잠 6:19). 성도들, 특히 섬기는 자는 화평하게 하는 말로 사람들을 섬긴다. 화평하게 하는 언어로 섬기는 자는 복 있는 자다.

화평하게 하는 자는 복이 있나니 그들이 하나님의 아들이라 일컬음을 받을 것임이요(마 5:9).

긍정적인 말로 섬기라

사단은 언제나 부정적인 생각을 하도록 한다. 부정적인 말은 공동체 전체를 무기력하게 만들기 때문이다. 가나안을 앞에 두고 열두 명의 정탐꾼 중 열 명은 "우리는 능히 올라가서 그 백성을 치지 못하리라 그들은 우리보다 강하니라"(민 13:31)라고 말했다. 부정적인 말은 영향력이 있다. 사람들은 긍정적인 말보다 부정적인 말에 더 귀를 기울인다. 부정적인 말이 더 마음속 깊이 파고들기 때문이다.

열 명의 정탐꾼이 한 말은 모든 백성에게 두려움을 주었고 절망에 빠뜨렸다. 모든 백성이 부르짖고 통곡했다(민 14:1). 하나님의 약속을 잊게 하는 저주의 말이 되었다. 모세와 아론을 원망하며 최악의 각본을 만들었다. 일어나지도 않은 각본을 미리 만든 것이다. 아내와 자녀들이 가나안 사람들의 칼에 죽을 것이니 새로운 지도자를 세우고 애굽으로 돌아가자고 했다(민 14:3). 모두 폭도로 변한 것이다. 이스라엘 백성들은 이 광야에서 죽었다면 좋았을 것이라고 말했다(민 14:2). 그들의 말은 그대로 되었다. 이때를 기준으로 이십 세 이상 된 자들은 광야에서 모두 죽었다(민 14:35). 여호수아와 갈렙 외 모든 사람들이 부정적인 말에 영향을 받은 것이다. 여호수아와 갈렙은 긍정적인 말을 선포했다. "이스라엘 자손의 온 회중에게 말하여 이르되 우리가 두루 다니며 정탐한 땅은 심히 아름다운 땅이라 여호와께서 우리를 기뻐하시면 우리를 그 땅으로 인도하여 들이시고 그 땅을 우리에게 주시리라 이는 과연 젖과 꿀이 흐르는 땅이니라"(민 14:7~8). 긍정적인 말로 이스라엘 백성에게 말했던 여호수아와 갈렙은 그들의 말대로 가나안에 들어갔다(민 14:30, 38). 하나님은 귀에 들린 대로 행하시겠다고 말씀하셨고 그대로 된 것이다(민 14:28).

말에는 능력이 있다. 이는 말을 들으시는 하나님께서 그대로 이루시기 때문이다. 교회 안에 섬김의 사람이 많아지면 언어가 긍정적으로 바뀐다. 주인이신 하나님을 신뢰하는 긍정적인 믿음의 말로 꽉 차게 되는 것이다.

믿음의 사람들의 특징은 매사에 긍정적이라는 것이다. 하나님은 긍정적인 자는 계속해서 사용하시지만 부정적인 자는 사용하시지 않는다. 교회 안에서 직분자이며 드러나게 많은 일을 하고 있더라도 부정적인 자는 하나님께서 원하시는 열매를 맺지 못한다. 부정적인 자는 주님의 일에 쓰임 받는 자가 아닌 자신의 일을 하고 있는 사람인지도 모른다.

겸손한 말로 섬기라

돈을 사랑하는 사람은 돈이 많아지면 교만해진다. 명예나 지위를 목적으로 삼고 사는 사람은 자신이 원하는 명예나 지위를 얻게 되면 교만해진다. 자녀가 우상인 사람은 자녀가 일류 대학이라도 들어가면 다른 자녀들을 우습게 여긴다. 이처럼 세상의 것을 사랑하는 자는 교만해질 수 있다.

그러나 주님을 사랑하는 자는 어떤 경우에도 한결같은 모습으로 겸손함을 유지한다. 주님을 사랑할수록 자신의 부족함이 보이고 하나님의 은혜를 깨닫게 된다. 자신이 누리고 있는 모든 것이 하나님의 선물임을 알고 자랑하거나 교만하지 않고 주인이신 하나님의 뜻을 받들어 섬김의 삶을 살게 된다.

섬김의 사람들은 자신보다 남을 낫게 여기고 매사에 겸손하다. 사도 바울은 본래 교만한 사람이었으나 예수님을 영접한 후 겸손한 사람이 되었다. 바울의 고백을 보면 그가 얼마가 겸손한지 알 수 있다. "그러나 내가 나 된 것은 하나님의 은혜로 된 것이니 내게 주신 그의 은혜가 헛되지 아니하여 내가 모든 사도보다 더 많이 수고하였으나 내가 한 것이 아니요 오직 나와 함께하신 하나님의 은혜로라"(고전 15:10). 우리에게 주신 모든 것은 하나님께서 주신 선물이다. 그래서 우리가 자랑할 것은 아무것도 없다. 겸손은 주님의 뜻이다. 나보다 남을 낫게 여기며 사는 것은 하늘의 지혜임을 명심해야 한다.

"모든 겸손과 온유로 하고 오래 참음으로 사랑 가운데서 서로 용납하고"(엡 4:2).

진실한 말로 섬기라

많은 사람들이 자신을 과장하고 거짓으로 포장하려고 한다. 교회 안에서 거짓말을 하는 자들은 교회를 어지럽게 만든다. 사단은 언제나 거짓을 말한다. 예수님께서 눈멀고 말 못하는 사람을 고쳐 주셨을 때, 많은 무리가 놀라는 것을 보고 바리새인들은 예수님께서 귀신의 왕 바알세불을 힘입어서 귀신을 쫓아냈다고 거짓을 말한다(마 12:22~24). 바리새인들은 예수님의 사역에 대해 온갖 거짓말로 악담을 퍼붓고 모함하는 것이 얼마나 무서운 악인지를 몰랐다. 악인들은 거짓으로 모함하고 험담한다. 교회 안에서도 자신을 인정해 주지 않으면 지체들을 모함하고 험담하여 하나님 나라 사역을 방해하기도 한다.

악한 사람이란 다른 사람이 아니다. 거짓으로 모함하고 남을 악하게 말하는 자다.

그러나 섬김의 자세를 가진 자들은 진실한 말을 하기 위해 노력한다. 야곱은 거짓말 때문에 많은 고통을 당하고 두려워했다. 아버지를 속인 결과 외삼촌 라반으로부터 속임을 당했다. 사랑하는 라헬과 결혼하기 위해 14년 동안 억지 봉사를 해야만 했다.

성도들의 말은 하늘나라 녹음실에 녹음되고 있다. 진실한 말을 하면 하나님께서 기뻐하신다. "거짓 입술은 여호와께 미움을 받아도 진실히 행하는 자는 그의 기뻐하심을 받느니라"(잠 12:22).

격려의 말로 섬기라

사울이 사도 바울이 되어 사역할 수 있었던 것은 격려자들이 있었기 때문이다. 아나니아는 회심한 바울에게 안수하고 다시 눈을 뜨게 했고 세례를 주었다(행 9:17~18). '위로의 아들'이라는 뜻을 가진 바나바는 이름처럼 다메섹 도상에서 예수님을 만나 변화된 바울을 변호해 주어 제자들이 바울을 받아들이도록 해 주었다(행 9:26~27).

어부였던 베드로가 예수님을 만나 처음 들은 말씀은 '반석'이라는 말이었다. 성질 급하고 보잘것없던 베드로에게 주신 격려는 베드로가 초대교회 지도자가 될 수 있는 첫 단추였다고 볼 수 있다(요 1:42).

예수님은 죄인과 세리 그리고 창녀들을 찾아가셨다. 그리고 언제나 격려하시고 믿음으로 할 수 있다고 말씀하셨다. 예수님은 격려의 대가셨다. 모든 사람에게는 격려가 필요하다. 비난하고 책망하면 함께 살기가 힘들다. 그러나 격려하면 함께 살 수 있다.

세계적인 석학 아인슈타인은 열다섯 살까지 지진아로 따돌림을 당했다. 그러나 "너는 할 수 있다. 하면 된다"고 말한 어머니의 격려가 그를 세계적인 물리학자로 만들었다. 조지 에덤스는 "격려는 영혼에 주는 산소와 같다"라고 말했다. 오늘도 격려를 통해 이 세상에서 가장 귀하고 멋있게 살 수 있는 사람들이 우리 주변에 많이 있다는 것을 기억해야 한다.

10장
섬김의 자세

예수의 뒤로 그 발 곁에 서서 울며 눈물로 그 발을 적시고
자기 머리털로 닦고 그 발에 입맞추고 향유를 부으니
●누가복음 7장 38절

섬김의 모델이라고 할 수 있는 사건이 성경에 기록되어 있다. 예수님께 향유를 부은 여인이다. 이 여인에 대한 내용은 사복음서에 모두 기록되어 있다. 내용이 약간씩 차이가 있어서 두 가지의 다른 사건으로 보기도 하지만 우리가 따라야 할 섬김의 자세에 대해 배울 수 있는 귀한 메시지라고 할 수 있다. 섬기면서 힘들어하고 불평할 때가 있다. 그러나 바른 섬김의 자세를 가진다면 섬김은 기쁨이요 축복임을 알 수가 있다. 우리는 향유를 부은 여인을 통해 깨닫게 하시는 성령의 음성을 들어야 할 것이다.

주님을 섬기듯 하라

예수님은 향유를 부은 여인의 섬김에 대해 "내가 진실로 너희에게 이르노니 온 천하에 어디서든지 복음이 전파되는 곳에는 이 여자가 행한 일도 말하여 그를 기억하리라 하시니라"(막 14:9)라고 하셨다. 예수님께서 복음이 전파되는 곳에 이 여인의 섬김도 알리라고 하신 것은, 이 여인의 섬김을 모델로 삼으라는 뜻이다. 이 여인의 섬김이 인정받은 이유는 예수님을 진실한 마음으로 섬겼기 때문이다. 이 여인은 다른 의도 없이 오직 주님의 사랑과 은혜에 감사하는 마음으로 섬겼다.

성도들은 주님을 섬기듯이 모든 것을 섬겨야 한다. "임금이 대답하여 이르시되 내가 진실로 너희에게 이르노니 너희가 여기 내 형제 중에 지극히 작은 자 하나에게 한 것이 곧 내게 한 것이니라 하시고"(마 25:40)라는 말씀은 성도들이 행하는 어떤 섬김도 주님께 하듯 해야 진정한 섬김이 될 수 있다는 것을 알려 주신 것이다. 내 만족을 위한 섬김이나 사람의 칭찬과 인기에 영합하는 섬김은 주님께서 원하시지 않는 섬김이다. 오직 주님을 기쁘시게 해 드리겠다는 마음으로 모든 일에 주님을 섬기듯 해야 할 것이다.

최선을 다해 섬기라

아나니아와 삽비라의 일은 초대교회에 충격적인 사건이었다. 바나바가 그의 소유를 팔아 교회에 내놓자 아나니아와 삽비라 부부는 자기의 땅을 팔았다. 그러나 일부만 내놓으면서 전부 다 드린 것처럼 행동했다. 최선을 다해 희생한 것처럼 사람들에게 보이고 싶었다. 자신의 섬김의 모습을 자랑하고 싶었던 것이다.

사람들 앞에서 행하는 섬김은 의미가 없다. 오직 하나님을 향해 섬겨야 한다. 사람은 속아도 하나님은 속지 않으신다. 적당한 섬김을 최선의 섬김으로 위장하는 것은 하나님을 우롱하는 어리석은 행동이다.

향유를 예수님께 드린 여인은 가장 귀한 것을 아낌없이 드렸다. 이 여인의 섬김을 허비라고 생각한 사람들은 분을 내었다. "어떤 사람들이 화를 내어 서로 말하되 어찌하여 이 향유를 허비하는가"(막 14:4). 상식적으로 허비라고 생각했기 때문이다. 어떻게 이 귀한 향유를 순식간에 예수님의 머리에 부어서 허비할 수 있냐고 생각했다. 분을 낸 사람들은 예수님도 자신들과 같은 생각이라고 착각했는지도 모른다. 가난하고 약한 자를 대하는 주님의 지극하신 사랑을 알았기 때문이다.

그러나 예수님은 사람들에게 여인을 괴롭히지 말라고 하셨다. 오히려 이 여인의 섬김을 칭찬하셨다. 향유를 부은 여인은 자신이 가진 최고의 가치를 정성껏 드렸다. 이 여인의 섬김은 돈으로 계산할 수 없는 것이었다. 마음과 함께 물질을 드린 것이다. 사람들이 그렇게 사랑하는 물질, 그러나 물질보다 예수님을 향한 사랑의 섬김이 더 귀하다는 사실을 알고 있었던 것이다. 다른 사람들이 볼 때는 허비이지만 이 여인의 마음은 한없이 뿌듯했을 것이다. 가장 귀한 것을 아낌없이 드렸기 때문이다. 적어도 이렇게 섬겨야 한다고 생각하신 주님은 흡족해하셨다. 그리고 힘을 다하여 섬겼다고 칭찬하셨다. "그는 힘을 다하여 내 몸에 향유를 부어 내 장례를 미리 준비하였느니라"(막 14:8). 예수님은 오늘도 우리에게 최선을 다한 섬김을 원하고 계신다.

침묵하고 섬기라
향유를 예수님의 머리에 부은 일로 시끄러웠다. 예수님을 향해 어떠한 섬김의 모습도 보이지 않던 자들이 이 여인을 도마 위에 올려놓고 비판한 것이다. "이 향유를 삼백 데나리온 이상에 팔아 가난한 자들에게 줄 수 있었겠도다 하며 그 여자를 책망하는지라"(막 14:5).

   오늘날 교회 안에도 다른 사람의 섬김에 대해 자기의 주관적인 생각으로 참견하고 판단하고 분내는 사람들이 있다. 그들 때문에 주님을 섬기는 사람들이 시기와 모함을 당할 수 있다. 이는 사단이 원하는 일이기도 하다. 이런 상황에서는 대응

하지 않는 것이 가장 좋은 방법이다. 주변 사람들이 많은 말을 하고 책망할 때 정작 이 여인은 아무 말이 없었다. 그 어떤 반응도 보이지 않고 침묵하며 자신이 해야 할 일만 한 것이다.

이 사건과 대조되는 사건이 있다. 예수님의 방문에 마르다는 분주하게 움직였다. 예수님을 대접하기 위해서였다. 동생 마리아는 예수님의 말씀만 듣고 있었다. 마르다는 자신의 일을 도와주지 않는 마리아에 대해 불평하며 도와줄 것을 예수님께 부탁했다. 그러나 주님은 오히려 마르다에게 불평하지 말고 하던 일을 계속하라고 하셨다.

> 마르다는 준비하는 일이 많아 마음이 분주한지라 예수께 나아가 이르되 주여 내 동생이 나 혼자 일하게 두는 것을 생각하지 아니하시나이까 그를 명하사 나를 도와주라 하소서 주께서 대답하여 이르시되 마르다야 마르다야 네가 많은 일로 염려하고 근심하나 몇 가지만 하든지 혹은 한 가지만이라도 족하니라 마리아는 이 좋은 편을 택하였으니 빼앗기지 아니하리라 하시니라(눅 10:40~42).

진정한 섬김은 자랑하거나 떠벌리지 않는다. 자랑하지도 논쟁하지도 않는다. 그냥 묵묵하게 예수님만 바라보며 섬기는 것이다.

인내함으로 섬기라

예수님께서 이 땅에 오셔서 우리를 구원하실 수 있었던 것은 종의 자세를 가지셨기 때문이다. "오히려 자기를 비워 종의 형체를 가지사 사람들과 같이 되셨고"(빌 2:7). 종에게 자신은 없다. 가장 낮아진 자이기 때문이다. 신실한 종은 주인에게 충성하는 것밖에 모른다. 종의 자세를 가지신 주님은 죽기까지 충성하셨다. "사람의 모양으로 나타나사 자기를 낮추시고 죽기까지 복종하셨으니 곧 십자가에 죽으심이라"(빌 2:8). 종은 다른 것에 마음을 빼앗기지 않는다. 종은 자신의 이익이나 이해관계에 대한 기대감을 이미 포기하고, 자신이 해야 할 일에 대해 집중하며 끝까지 묵묵히 행한다. 자신의 신분을 잘 알기 때문이다.

인간은 하나님 앞에서 전적으로 무가치한 존재이며 죄인임을 인식해야 한다. 이 여인은 예수님 앞에서 자신은 무가치한 존재임을 인식하고 있었다. 이 여인이 섬길 때 주변 사람들은 생각 없이 쉽게 비판했다. 주님을 섬기는 것이 잘못된 것처럼 심하게 책망하고 있었다. 여인은 너무하다 싶을 정도로 괴로움을 당했다. 오죽하면 예수님께서 괴롭게 하지 말라고까지 하셨을까. "예수께서 이르시되 가만 두라 너희가 어찌하여 그를 괴롭게 하느냐 그가 내게 좋은 일을 하였느니라"(막 14:6). 이 여인도 마음이 불편했을 것이다. 기분도 나빴을 것이다. 그러나 이 여인은 주인이신 예수님께서 알아주시는 것으로 만족했기 때문에 인내할 수 있었다.

종은 주인이 알아주는 것 하나만으로 만족하고 끝까지 섬겨야 한다. 종의 자세를 잃지 않는다면 끝까지 인내하며 섬길 수 있다. 성도들은 매일 수없이 외쳐야 한다. "예수님께서 나 같은 죄인을 위해 종의 형체를 가지셨고 죽기까지 복종하셨으니 나도 주님 앞에 갈 때까지 종의 자세를 잃지 않을 것이다."

감사함으로 섬기라

오래 전 〈겨울 연가〉라는 드라마가 일본 사람들에게 크게 인기를 얻었다. 일본에서 한국어를 가르치는 강사가 이런 이야기를 했다. 한국어를 배우는 학생들 중에는 〈겨울 연가〉의 주인공인 욘사마를 자기 생애 중에 언젠가는 만날 사람으로 기대하며 그때를 위해 한국어를 배운다고 한다. 어느 날 어떤 학생이 강사에게 욘사마가 출생한 병원을 알려 달라고 해서 모른다고 대답했다. 이 학생은 며칠간 결석했는데 일주일 뒤에 출석해서 욘사마가 출생한 병원을 알아내서 그곳을 둘러보고 왔다고 말했다.

우리의 죄를 해결해 주시기 위해 십자가에서 말로 표현할 수 없는 끔찍하고 처참한 고통을 당하시면서 자신의 몸을 제물로 주신 예수님의 사랑에 우리는 얼마나 감사하고 있는지 매일 자문해야 한다. 아무것도 해 준 것 없는 욘사마에 대한 간절함이 이 정도라면 우리는 매일 흘러넘치는 감사를 주체하지 못해 감사 표현을 구체적인 행동으로 옮겨야 할 것이다.

예수님 앞에 선 여인은 흘러넘치는 눈물을 주체하지 못해 눈물로 발을 적셨다. 그리고 향유를 부었다. "예수의 뒤로 그 발 곁에 서서 울며 눈물로 그 발을 적시고 자기 머리털로 닦고 그 발에 입맞추고 향유를 부으니"(눅 7:38). 하나님은 감사와 함께 나아가는 것을 좋아하시고 받으신다. "감사로 제사를 드리는 자가 나를 영화롭게 하나니 그의 행위를 옳게 하는 자에게 내가 하나님의 구원을 보이리라"(시 50:23).

예수님께서 이 여인에게 하신 마지막 말씀을 보면 이 여인의 흘러넘치는 감사를 얼마나 기쁘게 받으셨는지를 알 수 있다. "예수께서 여자에게 이르시되 네 믿음이 너를 구원하였으니 평안히 가라 하시니라"(눅 7:50). 성도들은 이 여인처럼 받은 은혜에 감사하며 섬겨야 한다. 감사의 마음을 가지고 섬길 때, 자신의 섬김을 결코 자랑할 수 없다. 감사야말로 평생 주님을 섬기고도 남는 가장 강력한 에너지인 것이다.

섬김의 기회를 놓치지 말라

이 여인이 초대 받았다는 내용은 없다. 그러나 이 여인은 자신에게 찾아 온 기회를 놓치지 않고 모든 것을 바쳐 섬겼다. 노동자의 하루 품삯이 한 데나리온이던 때에 삼백 데나리온을 한순간에 예수님께 부었으니 보통 배포가 큰 여인이 아니다. 이 여인이야말로 지극히 지혜로운 여인이다. 존귀하신 예수님을 합당하게 섬겼기 때문이다.

섬김의 기회를 잡았을 때 머뭇거리지 말고 아낌없이 섬겨야 한다. 다시는 기회가 오지 않을 수 있기 때문이다. 예수님께서는 이 여인의 섬김에서 가장 빛나는 것이 기회를 놓치지 않은 것이라고 말씀하셨다. "가난한 자들은 항상 너희와 함께 있으니 아무 때라도 원하는 대로 도울 수 있거니와 나는 너희와 항상 함께 있지 아니하리라"(막 14:7).

젊음은 항상 있는 것이 아니다. 시간은 잡을 수 없다. 기회도 잡을 수 없다. 잠깐 사는 이 땅에서 영원한 미래를 준비하는 일에 적극적인 것은 전혀 이상한 일이 아니다.

성도들은 그날을 위해서 최선을 다해야 한다. 향유 부은 여인처럼 한 번 찾아온 섬김의 기회를 놓치지 말고 모든 것을 다 쏟아야 한다. 섬기는 데도 타이밍이 있다. 미루지 말라. 그리고 고민하지 말라. 계산도 하지 말라. 섬김은 언제나 할 수 있는 일이 아니기 때문이다.

섬기는 일에만 집중하라

여인은 주님께 향유를 부어 섬기는 일에만 집중했다. 섬길 때 일어날 수 있는 일에 대해 미리 예측하지 못했다. 아니 아예 하지 않았다고 할 수 있다. 어떻게 보면 단순한 사람이었다. 단순한 자가 큰일을 낸다. 주님의 일은 더욱 그렇다. 복잡하게 계산하고 자신의 머리로 헤아리면 아무 일도 할 수 없다. 주님을 기쁘시게 해 드리는 일이라고 생각해서 행했는데 결과가 엄청나서 놀라는 경우가 종종 있다.

나도 아는 사람 아무도 없는 평택에서 이십대 후반에 교회를 개척하여 지금까지 있으리라고는 전혀 생각하지 못했고 계산도 하지 않았다. 제자훈련이 목회의 본질이라고 믿은 다음에는 한눈팔지 않고 한 길로만 달려왔다.

사람들은 섬길 때 그 결과에 관심을 가지게 된다. 그러나 믿음의 사람들은 결과보다 주의 뜻을 받들어 섬기는 데 최선을 다한다. 결과가 최악의 상황을 몰고 올 것을 알면서도 최선을 다하는 것이다. 다니엘은 계속해서 기도할 경우 사자굴 속에 들어간다는 결과를 미리 알았지만 기도를 멈추지 않았다. 요셉은 보디발의 아내의 유혹을 계속 물리치면 미움을 받아 쫓겨날 수 있다는 사실을 알고 있었지만 단호하게 거부했다. 아브라함은 아침 일찍 아들 이삭을 데리고 모리아산으로 갔다.

눈에 보이는 결과보다 하나님의 결과에 관심을 가져야 한다. 모세는 공주의 아들의 자리를 거절하고 고난을 선택했다. "믿음으로 모세는 장성하여 바로의 공주의 아들이라 칭함 받기를 거절하고 도리어 하나님의 백성과 함께 고난 받기를 잠시 죄악의 낙을 누리는 것보다 더 좋아하고"(히 11:24~25).

어떻게 보면 믿음의 사람들은 너무나 어리석게 보인다. 이 여인도 어리석게 보일만큼 주님을 섬기는 일에만 집중했다. 평가와 결과는 주님께 맡기고 최선을 다한 것이다. 이 여인도 섬기는 그 자체로 만족하고 있었다.

주님도 우리가 섬기는 그 자체를 좋아하신다. 섬길 때 영광을 받으시는 것이다. 종에게 반드시 좋은 결과를 가져와야 한다고 말씀하지 않으신다. 집중하고 최선을 다하기를 원하신다. 이것이 바로 섬김의 자세다.

11장
섬김을 통해 누리는 축복

내가 진실로 너희에게 이르노니
온 천하에 어디서든지 복음이 전파되는 곳에는
이 여자의 행한 일도 말하여 그를 기억하리라 하시니라
● 마가복음 14장 9절

만남은 선물이다. 어떤 사람을 만나느냐에 따라 그 사람의 미래가 결정되고 삶이 좌우된다. 믿음을 통해 하나님을 만난 자는 그 삶을 하나님께서 주관하시는데, 만남까지도 주관하신다는 사실을 알아야 한다.

특히 섬김의 삶을 산 자들이 누리는 축복 중의 하나가 만남의 축복이다. 사마리아성에서 풍성한 전도의 열매를 맺었던 빌립에게 주의 사자가 나타나 사람이 뜸한 남쪽 광야로 가게 한다. 빌립은 그곳에서 에디오피아 여왕 간다게의 모든 국고를 맡은 권세 있는 내시를 만나게 된다. 빌립이 만난 이 내시는 참으로 영향력 있는 자였다. 내시가 빌립에게 받은 복음은 에디오피아 전역에 전파되었다. 더 나아가 아프리카에 복음의 씨앗을 뿌린 결과를 가져온 것이다. 주의 일을 하고자 하는 자에게 하나님은 만남을 주선하시고 풍성한 사역의 열매를 허락하신다. 섬김의 자세를 가지면 먼저 주님을 만나게 된다. 향유 부은 여인이 주님을 만난 것은 그 어떤 사람과의 만남과 다르다. 주님께서는 이 여인의 마음을 받아 주셨다. 이 여인은 평생 주님께서 주신 말씀으로 살았을 것이다.

만남의 축복

만남은 한평생을 좌우한다. 섬김을 통해서 만난 사람은 이해관계로 만난 사람과 다르다. 사랑과 존경을 품고 만나기 때문이다. 믿음과 소망의 사람이었던 요셉은 섬김의 사람이었다. 요셉은 보디발의 아내의 모함으로 감옥에 들어갔지만 더 좋은 만남이 기다리고 있었다. 애굽의 각 분야의 실권을 가졌던 술 맡은 관원장과 떡 맡은 관원장을 만난 것이다. 요셉은 이들을 정성껏 섬겼다. "친위대장이 요셉으로 그들에게 수종하게 하매 요셉이 그들을 섬겼더라 그들이 갇힌 지 여러 날이라"(창 40:4). 그 결과 이들의 꿈을 풀이하여 애굽왕 앞에 나가는 기회를 얻게 되었고 애굽의 총리가 되었다.

  요셉은 섬김의 자세로 살았다. 먼저 하나님을 섬겼고, 시위대장 보디발을 섬겼고, 감옥에서는 두 관원장을 섬겼다. 그리고 나중에는 애굽의 왕과 온 백성을 섬겼다. 그리고 아버지 야곱과 형들의 가족을 섬겼다.

  섬김의 삶은 귀하고 값진 것이다. 하나님은 섬기는 자를 선택하시고 사용하신다. 섬기는 자를 통해 하나님의 일을 이루신다. 하나님은 섬기는 자의 만남을 주관하시고 간섭하셔서 만남의 축복을 주신다. 섬김의 자세로 사는 것이야말로 가장 지혜로운 삶이다.

제자훈련을 하면서 누린 은혜와 열매는 풍성하다. 가장 값진 축복 중 하나가 만남의 축복이다. 제자훈련을 받고 세워진 많은 평신도 동역자들을 보면 한 명 한 명 모두 보배로운 자들이다. 기도의 동역자, 전도의 동역자, 함께 가르치는 동역자, 그리고 드러나지 않게 조용히 뒤에서 섬기는 동역자들도 많다. 제자훈련하는 교회의 섬기는 분위기 때문에 제자훈련을 받지 않은 분들도 함께 섬기게 된다. 성도들 역시 제자훈련 때문에 좋은 남편, 좋은 아내, 좋은 자녀와 함께 생활하는 모습을 보면 제자훈련이야말로 축복의 만남을 가져다준다는 생각이 든다. 주님께서 알려 주신 본질을 붙잡고 푯대를 향해 달려갈 때 만남의 축복을 주신다는 것을 확신하자.

예수님의 자랑

하나님께서 믿음의 사람들을 자랑하시고 인정해 주셨다. 믿음의 조상인 아브라함에 대해 자랑하셨다. "믿음으로 아브라함은 부르심을 받았을 때에 순종하여 장래의 유업으로 받을 땅에 나아갈 새 갈 바를 알지 못하고 나아갔으며"(히 11:8).

또한 욥의 믿음에 대해 자랑하셨다. "여호와께서 사탄에게 이르시되 네가 내 종 욥을 주의하여 보았느냐 그와 같이 온전하고 정직하여 하나님을 경외하며 악에서 떠난 자는 세상에 없느니라"(욥 1:8).

예수님은 백부장의 믿음도 칭찬하셨다. "예수께서 들으시고 그를 놀랍게 여겨 돌이키사 따르는 무리에게 이르시되 내가 너희에게 이르노니 이스라엘 중에서도 이만한 믿음은 만나보지 못하였노라 하시더라"(눅 7:9).

그리고 예수님은 섬김의 사람이었던 향유를 부은 여인도 자랑하셨다. "내가 진실로 너희에게 이르노니 온 천하에 어디서든지 복음이 전파되는 곳에는 이 여자가 행한 일도 말하여 그를 기억하리라 하시니라"(막 14:9). 예수님은 복음이 전파되는 곳에 이 여인의 섬김을 자랑하라고 하셨다.

주님은 믿음의 사람들에 대해 자랑하기를 좋아하셨다. 자랑은 스스로 하는 것이 아니라 주님께서 해 주셔야 한다. 간혹 조금 일해 놓고 자랑하고 싶은 마음이 들 때가 있다. 자기 입으로 자랑하면 자기 상을 이미 받은 것이 된다고 하셨다.

그러므로 구제할 때에 외식하는 자가 사람에게서 영광을 받으려고 회당과 거리에서 하는 것같이 너희 앞에 나팔을 불지 말라 진실로 너희에게 이르노니 그들은 자기 상을 이미 받았느니라(마 6:2).

또 너희는 기도할 때에 외식하는 자와 같이 하지 말라 그들은 사람에게 보이려고 회당과 큰 거리 어귀에 서서 기도하기를 좋아하느니라 내가 진실로 너희에게 이르노니 그들은 자기 상을 이미 받았느니라(마 6:5).

예수님은 섬기는 삶을 산 자를 자랑하시고 인정하신다. 특히 하나님 앞에서까지 자랑할 것이라고 말씀하셨다. 섬김의 삶은 이 땅에서 주님을 시인하는 삶이기 때문이다. 우리는 모두 주님의 자랑이요 기쁨이 되어 주님의 마음을 시원하게 해 드리는 자가 되자.

"누구든지 사람 앞에서 나를 시인하면 나도 하늘에 계신 내 아버지 앞에서 그를 시인할 것이요"(마 10:32).

회복의 축복

섬김은 자신을 회복시키는 힘이 있다. 섬기는 사람은 자신의 삶에 만족한다. 자신에 대한 만족은 스스로를 회복하는 힘을 가지게 된다. 예수님은 향유를 부은 여인에게 평안히 가라고 하셨다. "예수께서 여자에게 이르시되 네 믿음이 너를 구원하였으니 평안히 가라 하시니라"(눅 7:50). 예수님께서 말씀하시는 평안은 내면에 대한 만족을 말씀하신 것이다. 대부분의 사람들은 자신에게 실망하고 갈등한다. 그러나 예수님께서 주시는 평안을 소유하면 진정한 자유와 회복을 얻게 된다.

빌 하이벨스 목사는 그의 저서 『섬김의 혁명』 *The Volunteer Revolution*에서 이렇게 말하고 있다. "최근 라디오 토크쇼에서 들은 내용이다. 일주일에 하루 자원 봉사를 하는 노인들이 그렇지 않은 분들보다 두 배 반이나 장수한다는 것이다."

The Healing Power of Doing Good(선행이 갖는 치유의 힘)의 저자 알란 루크(Allan Luks)는 지속적으로 다른 사람을 일대 일로 섬길 때 건강의 축복이 온다고 설명한다. 그는 또한 다른 사람들에게 봉사에 참여하도록 유도하는 것은 헬스장 멤버십을 선물하는 것과 마찬가지라고 역설한다. 남을 돕는 일은 '요통 및 두통의 완화, 혈압 및 콜레스테롤 안정, 과식과 알코올, 마약 사

용의 저지' 등 장기적으로 건강을 증진시키는 데 큰 효과가 있다고 한다.

섬김은 영혼이 잘되는 길이다. 그렇다면 범사가 잘되고 강건해지는 축복은 자연스럽게 주어질 것이다. 하나님께서는 사람을 본래 섬기며 살도록 창조하셨다. 그러므로 사람은 섬김을 통해 스스로 만족하는 삶을 살 수 있을 뿐 아니라, 평안함을 누려 내면이 건강한 사람이 될 수 있을 것이다.

관계회복의 축복

이 땅의 많은 아픔 중 하나가 관계를 통한 아픔이다. 이 세상 사람들 가운데 섬김 받기 위해 아파하고 다투고 미워하는 사람들이 얼마나 많은지 모른다. 악화된 관계 때문에 힘들어한다. 부부간의 관계도 마찬가지다.

그러나 말과 행동으로 섬기면 서로의 상처가 치유되고 관계가 회복되어 사랑하게 된다. 고부간의 갈등도 섬김의 자세를 가지면 해결된다. 교회 공동체 속에서 관계 때문에 일어나는 많은 문제들도 섬김의 자세를 가지면 해결될 수 있다.

예수님은 이 땅에 오셔서 도무지 회복 불능상태였던 우리와 하나님과의 관계를 회복시켜 주셨다. 이는 바로 예수님의 섬김으로만 가능한 일이었다. "인자의 온 것은 섬김을 받으려 함이 아니라 도리어 섬기려 하고 자기 목숨을 많은 사람의 대속물로 주려 함이니라"(막 10:45).

섬김 받는 것을 싫어하는 사람은 이 땅에 아무도 없다. 섬길 때 길이 보인다. 마음이 열린다. 그리고 막혀 있던 하늘 길도 열린다.

고부간의 갈등을 겪고 있는 많은 자매들이 시어머니께 먼저 마음의 문을 열고 종의 자세로 자신을 낮출 때 닫혔던 시어머니의 마음이 눈 녹듯이 녹아 지금까지 받아보지 못한 사랑을 받는다고 한다. 섬김은 상대가 누구든지 관계를 회복시키는 가장 막강한 힘을 가지고 있다. 섬김이야말로 영원한 재산이요 가치인 것이다.

쓰임 받는 축복과 칭찬

종에게 섬김의 자세가 없다면 주인은 더이상 종에 대한 기대감을 갖지 않게 된다. 그리고 더이상 일을 맡기지 않는다. 성경에서 이런 예를 많이 볼 수 있다.

사울이 왕이 되지 않고 차라리 평범하게 살았다면 그의 가문이 그렇게 비극적인 최후를 맞이하지 않았을 것이다. 하나님의 뜻보다 자신의 뜻대로 행동했기 때문에 더이상 쓰임 받지 못했다.

한 달란트 받은 자는 섬김의 자세가 없었다. 그는 더이상 쓰임 받을 수 없었다. 쓰임 받지 못하는 이유를 다른 데서 찾는 경우가 많다. 피치 못할 상황이나 인간관계 등 여러 가지 이유를 들어서 변명하지만 그 결과에 대한 책임은 본인이 질 수밖에 없다. 한 달란트 받은 자에게는 합당한 이유가 있었다(마 25:24~25). 그러나 그 이유는 주인에게 전혀 받아들여지지 않았다.

> 그 주인이 대답하여 이르되 악하고 게으른 종아 나는 심지 않은 데서 거두고 헤치지 않은 데서 모으는 줄로 네가 알았느냐 그러면 네가 마땅히 내 돈을 취리하는 자들에게나 맡겼다가 내가 돌아와서 내 원금과 이자를 받게 하였을 것이니라 하고 그에게서 그 한 달란트를 빼앗아 열 달란트 가진 자에게 주라 무릇 있는 자는 받아 풍족하게 되고 없는 자는 그 있는 것까지 빼앗기리라 이 무익한 종을 바깥 어두운 데로 내쫓으라 거기서 슬피 울며 이를 갈리라 하니라(마 25:26~30).

주인의 뜻을 받들어 섬기지 못하면 그 결과는 참으로 비참하다. 그러나 두 달란트 받은 자와 다섯 달란트 받은 자는 계속 쓰임 받게 된다. 그리고 이들에게 주어진 영광과 감격은 말로 다 할 수 없었다(마 25:21, 23). "그 주인이 이르되 잘하였도다 착하고 충성된 종아 네가 적은 일에 충성하였으매 내가 많은 것을 네게 맡기리니 네 주인의 즐거움에 참여할지어다 하고"(마 25:23).

사도 바울은 자신의 섬김에 대해 확신을 가지고 자랑할 뿐 아니라 모든 성도들이 자신과 같이 영광의 자리에 앉기를 원했다. 우리 모두 섬김의 사람이 되어 의의 면류관을 받는 자가 되도록 하자.

이제 후로는 나를 위하여 의의 면류관이 예비되었으므로 주 곧 의로우신 재판장이 그날에 내게 주실 것이며 내게만 아니라 주의 나타나심을 사모하는 모든 자에게도니라(딤후 4:8).

인자가 온 것은 섬김을 받으려 함이 아니라 도리어 섬기려 하고
자기 목숨을 많은 사람의 대속물로 주려 함이니라(마태복음 20:28)